中国专业运动员的
社会网络结构研究

黄谦等著

科学出版社

北京

内 容 简 介

本书以中国专业运动员特殊的培养制度和文化环境为背景,以复杂网络的视角和方法对其社会网络结构进行研究,主要研究中国专业运动员的社会网络结构和特征,包括中国专业运动员的个体中心网络结构和整体网络结构的研究分析。此外,使用国际先进的机器学习算法,对中国专业运动员的网络节点因素进行分析,对中国专业运动员个体中心网络的缺省联结关系进行预测;对中国专业运动员群体网络的社区关系进行深入探讨。

本书是国内关于某一群体的社会网络结构体系的较为完整的研究著作,适合体育学领域、社会科学领域、管理学领域的学者以及我国体育管理部门的相关管理者阅读参考。

图书在版编目(CIP)数据

中国专业运动员的社会网络结构研究 / 黄谦等著. —北京:科学出版社,2022.9

ISBN 978-7-03-068071-6

Ⅰ. ①中⋯ Ⅱ. ①黄⋯ Ⅲ. ①运动员-社会关系-研究-中国 Ⅳ. ①G812.3

中国版本图书馆 CIP 数据核字(2021)第 028058 号

责任编辑:徐 倩 / 责任校对:贾伟娟
责任印制:张 伟 / 封面设计:无极书装

科学出版社 出版
北京东黄城根北街 16 号
邮政编码:100717
http://www.sciencep.com

北京建宏印刷有限公司 印刷
科学出版社发行 各地新华书店经销

*

2022 年 9 月第 一 版 开本:720×1000 1/16
2022 年 9 月第一次印刷 印张:9
字数:182 000

定价:102.00 元

(如有印装质量问题,我社负责调换)

主要作者简介

黄谦，西安体育学院二级教授，博士生导师，百千万人才工程国家级人选，国家有突出贡献的中青年专家，享受国务院政府特殊津贴。在体育人文社会科学领域，采用以系统工程理论为导向的研究体系和科学分析方法来分析问题与解决问题，形成了以理论为导向的实证研究范式。主持多项国家社会科学基金项目和国家自然科学基金项目，其研究成果获得包括教育部人文社会科学奖在内的多项省部级科研奖项。在国内外期刊公开发表学术论文近百篇。

前　言

本书由三个国家级课题的研究成果整合而成,分别是国家社会科学基金重点项目"社会资本对于体育健身观念和行为影响的机理和途径"(16ATY002)的理论研究基础部分、国家自然科学基金项目"基于复杂网络视角下的中国专业运动员社会网络结构研究"(61040029)的结题成果,以及国家自然科学基金项目"基于矩阵分布的统计机器学习算法的专业运动员复杂社会网络构建及应用研究"(61440036)的结题成果。

专业运动员是我国竞技体育的主体,也是我国实现奥运争光计划的战略主力。我国专业运动员引起社会各界的广泛关注。社会在高速发展,专业运动员训练生活所形成的社会网络对其群体的影响日益明显,专业运动员社会网络对其训练和比赛有着重要的影响,同时深刻影响着其退役后的社会人生。在我国建设体育强国的政策论述中,专门提出了对专业运动员在成长、教育以及退役发展方面的要求和方向。在这样一种新的环境和条件下,研究我国专业运动员群体的人际关系网络具有重要的理论价值和现实意义。但是目前来看,国内外学术界关于我国专业运动员成长的社会性和人文环境,特别是其在特殊培养环境下所形成的社会网络的研究几乎是空白的。

本书所依据的系列课题的研究紧密结合国家发展需要,得到了国家体育总局的大力支持,同时,国家体育总局及陕西省体育局对课题研究所需要开展的数据采集工作提供了有力帮助。研究成员在广泛阅读国内外相关的研究资料后,提取了研究所需要的支撑,建立了理论研究框架;并在西安体育学院、咸阳师范学院、西安交通大学公共政策与管理学院和人文社会科学学院、西安电子科技大学计算机科学与技术学院等单位的帮助下,采用相关科学研究方法对课题进行了规范的理论与实证研究,采取定性结合定量的研究思路,得出了一系列研究成果,发表了科学引文索引(science citation index,SCI)、社会科学引文索引(social science citation index,SSCI)来源期刊论文,以及中文科学引文索引(Chinese social sciences citation index,CSSCI)来源期刊论文,总共近 20 篇。研究成果形成了一定的社会效益,引起了社会反响,得到国家有关部门的采用,多家媒体网站对研究成果进行了报道,国外有关学术评论期刊也专门对研究成果进行了评论,都认为该成果给我国专业运动员的成长过程和发展模式提供了新的理论支持,不仅在体育人文社会学研究领域提升了体育管理学和体育社会学的研究水平与高度,而且实现了对社会学领域复杂社会网络研究和计算社会科学中机器学习算法原有理论的补充、优化与拓展，对研究所获得的学术创新、学术价值及社会应用价值都给予了很高的评价。研究成果获得了陕西省哲学社会科学优秀成果奖一等奖和陕西省高等学校人文社会科学研究优秀成果奖一等奖。

为了使研究成果更好地满足国家建设体育强国的需求，在科学出版社的支持下，研究成员经过一定的修改，将其以学术著作的形式出版。

参与研究的成员包括系列课题主持人、西安体育学院黄谦教授，咸阳师范学院赵万东教授，西安体育学院张晓丽教授、丁建岚副教授、王秋茸副教授、方程教授，西安交通大学博士生刘建华、王新月、张星杰、李强、邓邦莲、高展、雷蕾、陀亮。

目 录

前言
第一章 绪论 ·· 1
  第一节 背景 ··· 1
  第二节 重要概念 ··· 5
  第三节 研究的主要目标和研究意义 ··· 8
  第四节 研究设计 ··· 11
  第五节 本书的内容与结构 ·· 12
  第六节 数据来源与研究方法 ·· 13
  第七节 主要研究工作、结论和研究创新 ···································· 15

第二章 基本理论基础和方法评述 ·· 19
  第一节 基本理论 ·· 19
  第二节 社会网络分析方法 ··· 24
  第三节 复杂网络 ·· 30
  第四节 社会网络结构的个体中心网络研究 ································· 33
  第五节 有关专业运动员社会支持的研究 ···································· 35
  第六节 基于矩阵分布的统计机器学习技术 ································· 37
  第七节 本章小结 ·· 38

第三章 调查问卷的设计与结构及数据采集过程 ······························ 41
  第一节 问卷开发与设计过程 ·· 41
  第二节 调查问卷的内容与结构 ··· 44
  第三节 数据采集方法和质量评价 ·· 49

第四章 专业运动员个体中心网络结构分析 ···································· 52
  第一节 专业运动员个体中心网络的基本概念 ····························· 52
  第二节 个人因素状况调查结果 ··· 53
  第三节 专业运动员社会讨论网络分析 ······································· 56
  第四节 专业运动员社会支持网络分析 ······································· 57
  第五节 专业运动员就业支持网络分析 ······································· 58
  第六节 专业运动员成就支持网络分析 ······································· 61
  第七节 专业运动员社会网络的形式化 ······································· 62

第八节　专业运动员社会网络社区结构探测方法……………………64
　　第九节　本章小结……………………………………………………65
第五章　专业运动员整体网络结构分析………………………………67
　　第一节　专业运动员整体网络的拓扑图………………………………67
　　第二节　专业运动员整体网络微观结构………………………………71
　　第三节　专业运动员整体网络中观结构………………………………78
　　第四节　专业运动员整体网络宏观结构………………………………84
　　第五节　本章小结……………………………………………………87
第六章　基于矩阵分布的贝叶斯网络分析模型与算法…………………89
　　第一节　基于矩阵分布/矩阵过程的贝叶斯网络分析模型……………89
　　第二节　稀疏矩阵高斯过程模型………………………………………90
　　第三节　本章小结……………………………………………………92
第七章　专业运动员社会网络节点因素分析及个体中心网络的
　　　　　缺省联结关系预测……………………………………………93
　　第一节　专业运动员社会网络节点的基本概念………………………93
　　第二节　专业运动员社会网络节点的因素分析………………………94
　　第三节　问题描述………………………………………………………103
　　第四节　缺省链路预测…………………………………………………103
　　第五节　算法预测结果分析……………………………………………109
　　第六节　本章小结………………………………………………………109
第八章　专业运动员群体网络的社区关系分析…………………………111
　　第一节　社会交往支持网络中社区关系分析…………………………111
　　第二节　成就支持网络中社区关系分析………………………………112
　　第三节　本章小结………………………………………………………113
第九章　展望………………………………………………………………114
参考文献……………………………………………………………………116

第一章 绪　　论

第一节 背　　景

随着我国竞技体育的发展和取得的一系列运动成绩，特别是我国成功地举办了 2008 年北京奥运会，并获得了金牌总数第一的好成绩，以及在 2010 年温哥华冬奥会上取得的突破和 2012 年伦敦奥运会上的优异表现等，我国专业运动员在世界比赛的舞台上为我国争得了巨大的荣誉，让世界从体育的角度认识了改革开放的中国。同时，他们在竞技体育比赛中所表现出的拼搏精神，激发了国人的爱国主义情怀，以饱满的热情投入学习、工作和祖国的建设中。一些优秀专业运动员成为一代青年的"偶像"，他们的一言一行深深地影响着青年人的世界观。

举国体制下培养的我国专业运动员已经成为特殊的社会群体。另外，随着我国经济的高速发展以及改革的不断深入，专业运动员与社会的互动关系将会比以往更加密切，其复杂社会网络对专业运动员群体的影响日益明显。该网络不仅对专业运动员平时的训练和生活有重要作用，对提高比赛成绩有深远影响，而且将深刻影响专业运动员退役后的人生。因此，对我国专业运动员群体人际关系网络的探究成为学术界需要重点关注的问题。

中华人民共和国成立以来，我国在政府主导下形成了"思想一盘棋，组织一条龙，训练一贯制"的运动员培养体制，培养了一批又一批优秀运动员，并在国际比赛中取得了骄人的成绩，奠定了我国世界体育强国的地位，我们也将这种体制称为举国体制。举国体制主要是指中国体育事业在一定时期内，为了一定目标和需要，能够有效地统一、集中国家力量，使某些方面迅速提高的体育发展机制及相应的一套组织机构等。举国体制可以为我国体育的发展提供一定的财政资源，这样就使中国的体育事业能够在经济总体不发达的背景下获得必要的财政和资金保障，并在体育资金的运用上接受政府的指导和监督；举国体制可以为我国体育的发展提供一定的政策资源，充分利用国家相关政策来开展体育工作，解决竞技体育工作过程中所遇到的实际问题；举国体制可以有效整合全国体育资源，短时间内迅速提高我国竞技运动的实力，在各类竞技运动中争金夺银，为国争光。举国体制的基本功能之一就是通过由上而下、从中央到地方垂直型的体育行政管理体制，以国家与省级的专业队和市、县两级业余体校为主体的"一条龙"训练体制，为以奥运会为最高层次的国际竞赛体制的"奥运争光"目标，配以全运会为最高层次的国内竞赛体制等手段，通过竞争和协同，有效地调动地方发展体育事业的积极性，将地方的体育资源整合到国家的奥运争光计划上来，从而有力地促进中国体育事业尤其是竞技体育事业的迅速发展与提高。

在举国体制的背景下，我国主要采用政府主导型的专业运动员培养体制，即政府出资开办各级业余体校并对其进行行政干预，运动员代表各地政府参赛，成绩优秀者送往省级专业队，再经选拔进入国家队。这是典型的计划经济指导下的运动员三级培养体制，即国家队为第一级，省级专业队为第二级，市、县两级业余体校为第三级。这也是目前我国专业运动员的培养体制与国外以俱乐部训练为主的运动员培养体制的不同之处。我国专业运动员在一个相对独立的训练、学习和生活环境中，这使得其在地位向度上明显低于其他行业者，这也表明我国专业运动员在人际互动向度、情感回报性和地位向度之间存在着独特性。实际上，运动员与社会互动的关系构成了一个复杂社会网络。

复杂社会网络是指社会个体成员（包括专业运动员）之间因互动而形成的相对稳定的关系体系，关注的是人们之间的互动和联系。社会互动是在一定情景下进行的。情景不同，人们的互动方式往往不同。在不同情景（如熟悉情景、工作情景和社交情景）、不同关系类型（如情感关系、工具关系和混合关系）中，人们的互动过程也会不同。互动深度可以从互动双方利益关联的大小、情感投入的多少、互动延续时间的长短和互动规范的复杂程度来分析。专业运动员与队友、家人、教练存在深度互动，与其他社会成员之间的互动仍停留在表层，其社会网络缺乏稳定性。互动广度反映社会互动的范围，体现互动双方交往领域的大小。我国专业运动员的培养模式是以三级训练网为基础的专业运动队培养体系。在这样一个体系中，运动员的日常生活范围仅限于一个很小的圈子，每天互动交往的人基本都是从事体育工作的人员，这就造成了专业运动员的交往范围小、领域窄。互动频度反映一定时间内发生社会互动的多寡，这主要体现在与队友和教练的交往中。专业运动员很少能与体育之外的行业产生互动。在这种培养体制下，我国专业运动员的人际关系主要发生在队友、教练、家人和朋友之间。因此，根据复杂网络理论，专业运动员的社会网络规模比较小、比较集中。

上述因素导致了我国专业运动员进行专业训练时过分注重竞技体育能力的发展，而忽略了文化知识的学习，使专业运动员群体中文化学习的氛围很差，专业运动员的文化素质普遍偏低。文化素质低，加上专业运动员社会网络结构的特殊性和不稳定性，使得他们在退役后的再就业存在非常大的困难。虽然我国出台了一系列政策来安置退役运动员，但是由于各单位用人自主权的提高，加上用人条件和标准以岗位需求为主，很多运动员不仅背负着伤病，还不得不面对被社会重新选择的窘境。例如，举重世界冠军当搓澡工，马拉松冠军当小贩，体操世界冠军街头卖艺等。这些典型事例集中反映了专业运动员融入社会时出现的问题。我国竞技体育举国体制下的训练模式造成了专业运动员群体的社会支持性差，如何使我国专业运动员能更好地同社会融合是目前我国体育界急需解决的一个问题。要不断地完善举国体制，在不断地研究科学训练规律的同时，也要高度地重视专业运动员健康成长和发展。这给我国的科学工作者深入系统地研究我国专业运动员群体的科学训练和健康成长提出了更高的要求。

我国专业运动员群体也是一个复杂的社会系统，传统的基于属性变量的统计分析难以揭示我国专业运动员群体的内在特征和规律。基于关系变量的结构分析（主要是复杂网络分析）为深入认识我国专业运动员群体的规律提供了新的分析思路和分析框架。目前，关于专业运动员的社会权利、责任、角色的社会机制研究比较多，关于专业运动员的社会支持下心理学的研究比较常见，以专业运动员的社会公平为目的的社会制度改革也不少，但是从复杂网络的视角对专业运动员的人际社会网络的研究仍非常少见。

我国专业运动员在举国体制下的训练模式造成了其独特的复杂网络结构，这也是其观念和行为演化的根本原因。专业运动员复杂网络结构既包含某种思想的传播过程，又涉及观念和行为的扩散过程。随着我国经济的高速发展，竞技体育的社会化参与程度越来越高，专业运动队的社会经济活动也越来越多，赞助、经济奖励、明星代言等现象已比较普遍。专业运动员在进行大运动量艰苦训练时所展现的态度，面对社会诸多诱惑形成的人生观、价值观，以及顶级运动员与一般运动员的关系和运动团队凝聚力的有效形成，都是目前专业运动员复杂网络结构作用的结果。

关于专业运动员的人际社会网络的静态结构分析已存在一些研究。然而，专业运动员群体是一个动态的群体，其复杂网络也是一个动态网络，主要表现在专业运动员的人际社会网络的构建及其观念、行为演化的过程是动态的，且具有一定的非线性。因此，对专业运动员复杂网络及其演化动力的研究是一个复杂的过程，必须结合现代复杂科学理论和方法进行更深入的综合研究。

文化传播理论在于描述与分析一个特定人口群体中某种文化特征的动态变化过程，即实际生活中某种文化特征在关系不同的传输人与接收人之间进行传播与演化的动态过程。创新扩散理论则是研究创新信息（或行为）通过一定的渠道，随着时间在社会系统的成员之间进行传播的过程。因此，社会网络是文化传播理论和创新扩散理论的共同要素。这使得将文化传播理论和创新扩散理论以社会网络为纽带，纳入复杂性科学研究体系中这一策略成为可能。与文化传播、创新扩散及网络分析相结合，是研究专业运动员复杂网络及人际社会关系和观念与行为演化的一个全新而有效的思路。在复杂性科学的研究体系中，采用多学科交叉的方法，挖掘专业运动员复杂网络的多个维度和侧面，为完善竞技体育的举国体制、加强专业运动员的社会支持性提供理论和政策上的支持。

但是，目前从文化传播理论和创新扩散理论的角度对专业运动员复杂网络进行研究的报道仍非常少见。

复杂网络作为揭示复杂系统结构和功能的重要手段，是复杂科学研究的主要内容，已经成为发展最快的复杂系统研究领域。复杂网络的分析方法仍很少应用于类似专业运动员这样的复杂社会系统研究中。因此，本书以中国专业运动员问题作为背景，将复杂网络的分析方法引入公共管理和社会学领域。

在前期研究的基础上，本书将复杂性科学的有关思想和方法（尤其是将复杂网络研究的成果）引入专业运动员社会网络结构的分析中。以复杂网络的研究方法为视角，结合社会资本理论、社会网络理论和社会融合理论，综合信息科学、公共管理等多学科相关理论与方法，深入系统地分析我国专业运动员的社会网络结构特性，研究我国专业运动员的个体中心网络和整体网络的结构。本书基于信息科学中复杂网络理论和方法来研究社会问题，是系统科学与管理、社会等学科的交叉研究。本书不仅可以深入了解专业运动员群体，而且有利于针对实际问题建立并发展复杂社会网络模型，加速我国体育领域复杂网络科学的应用和交叉研究。

传统的社会网络分析方法过于注重网络的统计特征。由于社会网络本质上具有稀疏特征（个体只同网络中极为少数的其他个体发生联系）和网络内个体互动的非线性及局部相互依赖性，传统社会网络分析在发现社会网络结构及动态行为演化等方面存在不足。作为基于信息科学中社会网络分析的一个重要分支，以统计机器学习为手段研究社会网络实体间关系和观念与行为演化是当前一个全新而有效的思路。统计机器学习算法，特别是基于贝叶斯网络分析模型的学习算法，通过假设一定的概率模型，能够从观察到的网络连接关系中对潜在的网络结构和形成网络的潜在因素进行推断。它们的主要优点如下：一方面，能够对网络结构中的不确定性进行有效的估计；另一方面，能够凭借先验概率的引入，充分利用当前已有的背景知识或者通过简单的社会网络分析得出初步结果。从目前国内外的社会网络方面的应用来看，社会工作者没有充分地探索当前社会网络分析领域最新的研究成果，研究方法过于简单，大多基于简单的网络统计特征，很少将网络结构分析同基于属性变量的统计分析有效结合起来。纵观近几年的社会网络分析领域的主要国际会议，如数据挖掘与知识发现大会（Conference on Knowledge Discovery and Data Mining, KDD）、AAAI[①]年会（AAAI Conference on Artificial Intelligence）、社会计算国际会议（International Conference of Social Computing），机器学习算法已经成为社会网络分析的主要方法。

本书将引入国际机器学习技术的最新成果，特别是基于矩阵分布的贝叶斯网

---

① AAAI 指国际先进人工智能协会（Association for the Advancement of Artificial Intelligence）。

络分析模型，进而开发出先进的网络研究算法。在前期专业运动员社会网络背景分析和对统计机器学习算法研究的基础上，本书将以贝叶斯网络分析模型作为研究的方法论指导，建立一套面向专业运动员的社会网络模型，充分深入地挖掘网络结构、网络成员间分组关系，探讨形成网络结构的基本因素。此外，本书将深入挖掘专业运动员复杂网络的多个维度和侧面，并进行预测，从而对加强专业运动员的社会支持性提供理论和政策上的支持。

第二节 重 要 概 念

一、专业运动员

我国专业运动员就是在举国体制下，在相对独立的训练、学习和生活环境中，在国家和政府出资开办的各级训练单位（国家队为第一级，省级专业队为第二级，市、县两级业余体校为第三级）进行专门的体育训练，为参加比赛取得好成绩的运动员。

二、复杂网络特征与视角

目前，复杂网络的研究重点集中在网络特征的描述，而小世界网络、无标度网络和社群结构是目前最受关注的复杂网络特征。

小世界网络现在还没有精确的定义。一般认为，如果网络中两个节点间的平均路径长度 L 随网络节点数量 N 的增加呈对数增长，即 $L \propto \ln N$，那么称该网络为小世界网络。聚类系数和平均路径长度是考察小世界网络的两个重要指标。

无标度网络的分析主要考察网络节点的度分布情况。Barabási 认为节点度分布满足幂律分布形式。与泊松分布和高斯分布尾部呈指数下降不同，幂律分布的尾部下降很慢，因此可能出现网络中心节点（hub）。但是从理论上判断一个分布是否满足幂律分布比较困难，而且关于无标度网络的研究存在争议。Newman 将异构网络中由不同性质、类型的节点组成的关系丰富的结构称为社群（community，又称子网络、小团体），并进一步指出社群内节点关系稠密、社群间节点关系稀疏的结构即社群结构也是复杂网络的特征之一。在传统社会网络分析中，那些具有相对较强、直接、紧密、经常或积极关系的个体的集合称为凝聚子群（cohesive subgroups），它是社会网络研究的重要内容。社群与凝聚子群的含义基本一致。研究网络社群结构时，可以将社会网络的个体层次研究和网络宏观特征研究联系起来，这也是网络分析的主要视角之一。

三、社会网络结构

依据有些学者的定义,社会资本(social capital)是实际或潜在资源的集合,这些资源与相互默认或承认的关系所组成的持久网络有关,是社会关系的总和,而且这些关系或多或少是制度化的。社会资本由两部分构成:一是个体借以获取与之相类群体的资源的社会关系;二是群体内个体可获得资源的数量和质量。科尔曼认为社会资本发源于紧密联系的社会网络,是人力资本创造、传递和获得的积极的社会条件,决定了人们是否可以实现某些既定目标。林南在充分总结前人研究的基础上,将社会资本视为在目的性行动中获取和(或)动员的、嵌入社会结构的资源。综合而言,在微观意义上,社会资本具有无形性,以社会规范、社会文化、社会关系、社会凝聚力、社会倾向性和社会价值观等形式内嵌于社会网络关系中,会影响个体的心理、行为及地位;在宏观意义上,社会资本通过影响某个社会群体在社会交往中相互作用的数量和质量而对经济和社会的发展产生影响。总之,社会资本理论所具有的宏观-微观鸿沟的弥合作用对通过社会支持网络来分析中国专业运动员的相关问题具有重要的理论指导意义。

社会网络既是研究方法,又是研究对象。本书所指的社会网络是个体之间的社会关系,是与社会资本及社会资源相联系的概念。社会资本与社会资源理论是在社会网络基础上发展起来的,与社会网络有紧密的联系,可以将社会资本看作蕴涵在社会网络中或者通过社会网络所能得到的社会资源。

社会网络的研究主要是沿着两个方向进行的,即整体网络(whole network)和个体中心网络(ego-centric network/personal network)。本书将从整体网络和个体中心网络两个角度揭示我国专业运动员的社会网络结构。

四、社会网络传统分析模型

在传统的社会统计学中,数据(变量)一般分为定类(二分类和多分类)数据、定序数据、定距数据和定比数据。仅从测量层次上说,网络数据与之类似。网络数据的层次包括:①二分类网络数据。把数据分为"有""无"两类。这种数据最普遍。②多分类定类网络数据。把多分类数据进行二分化处理,达到简化数据的目的。③定序关系强度数据。例如,将数据分为"很好""较好""一般""不好"四类。④定距网络数据。这种数据类似经常见到的定距变量,是对关系进行定距层次上的测量后得到的数据。

传统的社会网络分析方法过于注重网络的统计特征。社会网络本质上具有稀疏特征和网络内个体互动的非线性及局部互相依赖性，因此，传统社会网络分析在发现社会网络结构及动态行为演化等方面存在不足。

五、网络结构复杂性分析

社会科学的数据主要分为属性数据、关系数据和观念数据三类。

属性数据是关于节点的自然情况、态度、观点及行为等方面的数据，它们一般被视为个人或者群体所具有的财产、性质、特点等属性，是人们、对象或者事件的内在特点。适用于分析属性数据的方法主要是变量分析方法，如相关分析、回归分析、列联表分析。各种属性看作特定变量（收入、就业、教育程度等）的取值。

关系数据是关于联系、接触、联络或者聚会等方面的数据。这类数据把一个节点与另一个节点连接在一起，因此不能还原为单个节点的属性。关系不是节点的属性，而是节点系统的属性。这些关系把多对节点联系成一个更大的关系系统。针对这些关系数据的分析方法就是网络分析方法。尽管对这些关系也可以进行常规的定量统计分析，但是社会网络分析方法更合适。社会网络分析者认为，关系是网络分析的基石，应该利用关系数据来解释社会现象。

观念数据可以描述意义、动机、定义等内容，尽管它们居于社会科学的核心，但分析这类数据的技巧性不如分析前两种数据的技巧性那么强。

社会网络分析的重要之处在于分析单位主要不是个体节点（如个人、群体、组织），而是节点间的关系。

六、矩阵分布的贝叶斯网络分析模型

贝叶斯网络分析模型是运用贝叶斯统计进行的一种预测。不同于一般的统计方法，贝叶斯统计不仅利用模型信息和数据信息，而且充分利用先验信息，是一种以动态模型为研究对象的时间序列预测方法。统计推断的一般模式是：先验信息＋总体分布信息＋样本信息→后验分布信息。

贝叶斯网络分析模型不仅利用前期的数据信息，还加入了决策者的经验和判断等信息，并将客观因素和主观因素结合起来，处理异常情况具有较多的灵活性。

矩阵分布是统计学中的一类重要分布，在物理学、经济学、心理学及其他领域的多元统计分析中发挥了重要作用，近年来在计算机科学领域获得了较高重视。对于社会网络分析，通过引入矩阵分布来描述网络结构，从而能够描述节点间的内部关联性，并且引入非参数高斯过程来描述网络结构的非线性，明显提高了在社区发现和对未知网络连接的预测方面的准确率。

设存在某社会网络并将其用邻接矩阵 Y 表示,其规模描述为 $n\times m$（n 和 m 分别为行和列）。从观测角度可以描述为 $Y=X+E$,其中,$X=U'WV$,U 和 V 分别是 $n\times d$ 和 $m\times d$ 的矩阵,表示网络中隐藏的空间,m 和 n 是节点类别数量,U 的每一列 d 代表节点的聚类信息,U 称为隶属矩阵,W 是 $m\times m$ 的矩阵,代表类别之间的相互作用,E 是网络中的噪声。假设 W 服从自由度为 r 的矩阵 t 分布,即 $W\sim mt(r,0,I,I)$,I 为单位矩阵。由此可知,X 也服从自由度为 r 的矩阵 t 分布,即 $X\sim mt(r,0,K,G)$,此处,协方差矩阵 K 和 G 包含给定网络矩阵 Y 的行和列上的信息。对于对称网络,$K=G$；对于非对称网络,$K\neq G$。协方差矩阵可以描述节点间的相互依赖性。如果 K 和 G 是非线性的协方差矩阵,如利用高斯函数定义的协方差矩阵,那么网络节点间的互动关系就是非线性关系。协方差函数 k 和 g 分别描述了行和列上的关联关系。

采用非线性协方差函数来描述个体间的非线性互动关系,可以同时描述非对称网络不同类型个体之间的相似程度。利用行或列的方差矩阵保存网络节点的属性特征、网络背景知识及通过分析获得的网络统计特征,都可以作为先验知识保存在行或列的方差矩阵中,从而最大化利用已有知识更有效地对社会网络进行建模,最终结合个体特征,利用已存在的贝叶斯网络分析模型对网络状态与特征进行分析。

第三节 研究的主要目标和研究意义

一、研究目标

本书主要以复杂网络视角来研究中国专业运动员这一群体社会网络的结构特征,对中国专业运动员社会网络结构进行系统研究。也就是在复杂网络视角下,利用复杂网络分析方法和社会网络分析方法,从个体中心网络、整体网络两个层次揭示中国专业运动员社会网络的结构和现状,分析专业运动员社会网络规模和构成的影响因素。

研究的主要目的是从网络结构的角度来探讨专业运动员的行为产生机制,加强专业运动员与社会的交流、沟通及融合,促进专业运动员平稳融入社会；同时提高训练效率,最终提高成绩。在深入研究复杂网络分析方法的基础上,构造应用于专业运动员群体的复杂社会网络结构模型,并基于复杂性科学理论的统计描述、网络构建等分析方法,揭示专业运动员社会网络模型的结构特性,探索该网络模型形成的机理,具体研究目标和内容如下。

（1）基于复杂网络分析理论,总结和分析中国专业运动员社会网络结构的理论基础。

（2）提出专业运动员社会网络的复杂网络模型和分析方法。

（3）研究专业运动员社会网络的个体中心网络结构特征。

（4）研究专业运动员社会网络的整体网络结构特征。

（5）根据目前有关复杂网络的研究成果和社会网络的分析理论，分析复杂社会网络的传统研究分析方法的不足之处，对基于矩阵分布的统计机器学习技术进行理论探讨。

（6）根据研究目标和社会网络的最新研究成果，对过去设计的专业运动员社会网络问卷进行完善和修订，为数据采集提供科学的保证。

（7）提出面向专业运动员的社会网络构建与分析方法。

（8）提出专业运动员社会网络的基于矩阵分布的贝叶斯网络分析模型并优化算法。

（9）利用稀疏矩阵高斯过程模型与贝叶斯网络分析模型，对调查问卷的专业运动员社会网络支持数据进行节点属性分析，对专业运动员的八个网络进行预测，再对专业运动员的复杂网络的社区分析进行研究。

社会网络包括个体与个体、个体与群体及群体与群体的关系网络。因此，本书借助复杂网络演化动力学理论，首先，对个体与个体之间的关系网络的观念、行为进行分析；其次，考虑专业运动员群体的特殊性，个体与群体之间的关系非常重要，研究个体与群体之间的关系网络将是探索专业运动员群体的重要内容；最后，专业运动员群体具有明显的小团体特征。现实社会中，这些小团体由于运动项目和种类不同，基本处于分立的状态，但也不可避免存在弱关系，这是一种明显的小世界网络。因此，本书从复杂网络视角探讨社会网络演化理论，这构成了基础理论研究的主要内容。

本书基于不同的层次和视角，建立一套专业运动员群体社会复杂网络结构模型。专业运动员个体关系网络主要研究个体观念、行为如何与关系网络其他成员产生影响；个体与群体关系网络探讨个体对专业运动员群体的关系和影响；群体关系网络则属于整体网络分析范畴，着重研究专业运动员群体中不同角色的关系结构，进而探讨不同性质专业运动员群体网络整体间的相互关系。

本书建立的模型既有静态改进模型，也有动态创新模型。静态改进模型主要包括传统统计模型、社会网络模型，改进的主要思路是对于静态专业运动员群体网络的模型引入影响网络特性的变量，考察网络结构特征对模型的影响及新网络的设计。动态创新模型主要集中在网络的复杂性特征，包括专业运动员群体网络动态演化模型，具体包括以下方面。

本书利用复杂网络研究的相关成果，对专业运动员群体网络的复杂性特征，尤其是小世界网络及无标度网络特征，进行深入探讨。通过平均路径长度、平均聚类系数、度分布特征来判断专业运动员社会网络是否具有典型复杂网络特征是研究的重点，并对这些复杂网络特征的作用进行分析。基于网络结构特征的分析结果，讨论不同性质专业运动员社会网络间的结构关系是一个重要的研究内容。

本书针对专业运动员社会网络的特征，结合统计机器学习分析理论，建立适合专业运动员社会网络分析的稀疏矩阵高斯过程模型，并对其进行算法优化。该模型有效地描述节点间的相互关联性及非线性互动关系，从而更有效地分析节点个体中心网络及整体网络的结构。同时，结合网络中的个体属性特征，作为社会网络分析算法的补充。此外，对专业运动员社会网络的节点因素进行分析，建立基于矩阵分布的贝叶斯网络分析模型，对专业运动员两个典型的群体关系（社会交往支持网络与成就支持网络）使用机器学习手段进行社区关系分析。

二、研究意义

本书具有较好的学术意义和广阔的应用前景。专业运动员社会网络是一个典型的复杂性科学研究对象，简单的科学还原研究和经验研究不足以深刻地把握其内涵和系统变化规律。结合现代复杂科学理论和方法，特别是从复杂网络视角，能够对这一问题进行更深入的综合研究。

本书以信息科学中的复杂网络作为研究方法论指导，结合管理学、社会学、心理学的相关理论与方法交叉研究，第一次提出专业运动员复杂的社会网络模型，不仅为专业运动员社会网络的构建及演化等社会问题的研究提供新的方法和研究思路，而且将复杂性科学的研究内容拓展到应用领域。复杂系统探究方式不仅能消除自然科学和人文科学之间的隔阂，而且能缩短西方文化和东方文化之间的距离。本书关于复杂网络及其社会应用的研究，对于加速我国的复杂性科学研究与应用具有积极意义。另外，本书探究复杂系统建模与分析，属于系统科学同管理、社会与心理学等学科领域的交叉研究，这也是国家积极倡导、鼓励和支持的。

本书中基于矩阵分布的统计机器学习算法对分析复杂社会网络的研究将为推动社会网络分析算法的进步做出贡献。同时，本书将建立用于分析中国专业运动员的复杂网络混合模型，定量研究专业运动员社会网络再构建的动态过程、规模和特点（包括网络内部个体间和网络间的互动与影响），以及这种社会网络对专业运动员观念和行为演化的影响及对今后融入社会的影响。

本书同样具有重要的现实意义。以信息科学作为研究的方法论指导，从专业运动员群体的交往和社会互动的过程中思考、理解和研究他们的行为，有利于从微观和宏观两个层次研究我国专业运动员成长过程的内在规律。

从应用前景上讲，本书从观念和行为的传播与演变机制上寻找专业运动员今后与社会融合的途径，为专业运动员退役后能正常和快速适应社会、真正融入社会找到理论依据。同时，通过研究专业运动员的社会网络结构，分析专业运动员行为模式的机制，对提高专业运动员运动训练效率、提高竞技体育成绩也有着重大的意义。利用模拟和仿真等手段，为我国体育管理部门和政府提供切实可行的政策建议，进一步完善我国的举国体制，使我国体育体制的改革能顺利、有效地进行。

第四节 研究设计

本书利用陕西省专业运动员的调查数据，对中国专业运动员社会网络结构进行系统研究。在复杂网络研究视角下，利用复杂网络分析方法和社会网络分析方法，从个体中心网络、整体网络两个层次揭示中国专业运动员社会网络的结构和现状，分析中国专业运动员社会网络规模和构成的影响因素，并结合统计机器学习分析理论，对中国专业运动员社会网络结构进行分析。

本书具体的研究思路如下。

（1）选取复杂网络作为中国专业运动员社会网络结构研究的理论视角，强调作为社会网络主要组成部分的社会支持网络对于中国专业运动员现实生活的重要作用和意义；介绍网络分析（尤其是整体网络分析）和复杂网络研究的有关理论和方法；总结有关社会网络及其与中国专业运动员在训练生活中出现问题等相关结果，指出现有研究存在的不足和研究空间。

（2）从个体中心网络和整体网络两个层次展开对中国专业运动员社会网络结构的研究。在个体中心网络层次上，主要讨论专业运动员的社会讨论网络、社会支持网络、就业支持网络、成就支持网络的规模、演化和构成特征；在整体网络层次上，从社会网络分析和复杂网络分析两个方面揭示中国专业运动员整体网络的微观、中观和宏观特征。

（3）根据个体中心网络和整体网络的特点，采用不同的方法对个体中心网络和整体网络结构成因进行分析。建立回归模型，对个体中心网络结构成因进行研究，了解影响专业运动员个体中心网络规模和关系强度的主要因素。

（4）针对专业运动员社会网络的特征，结合统计机器学习分析理论，建立适合专业运动员社会网络分析的稀疏矩阵高斯过程模型，并对其进行算法优化。

（5）对专业运动员社会网络的节点因素进行分析，描述专业运动员社会网络中各节点的权重，探讨哪些因素对专业运动员社会网络的形成影响较大，作为形成社区的基础。建立基于矩阵分布的贝叶斯网络分析模型，针对问卷支撑的八个网络，分析专业运动员群体人际关系网络，以及对其邻接关系进行预测。

（6）专业运动员社交关系通常具有明显的小世界网络特征，依据建立的专业运动员社会网络的稀疏矩阵高斯过程模型，对社区的成因进行分析。探明社区的形成现象受哪些关键因素的影响，对两个典型的群体网络（社会交往支持网络与成就支持网络）使用机器学习手段进行社区关系分析。

研究框架如图1-1所示。

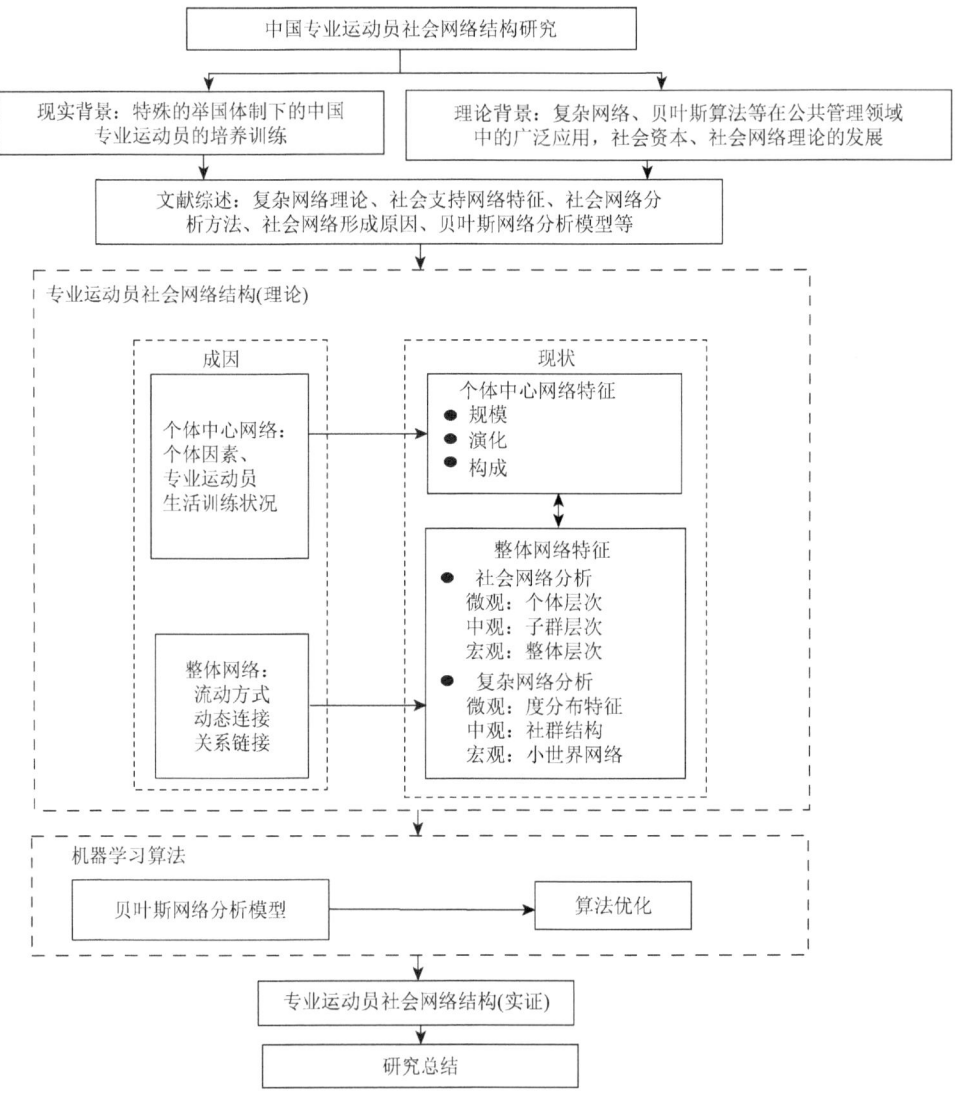

图1-1 研究框架

第五节 本书的内容与结构

第一章 绪论。本章主要介绍研究背景、研究目标、主要内容和研究意义，解释有关名词，说明研究设计的数据来源和研究方法，并对研究的主要工作内容、结论和创新进行阐述。

第二章　基本理论基础和方法评述。在前人研究成果的基础上，本章总结复杂网络的分析理论，分析中国专业运动员社会网络结构的理论基础。

第三章　调查问卷的设计与结构及数据采集过程。本章主要涉及问卷开发与设计过程、调查问卷的内容与结构，以及数据采集方法和质量评价。

第四章　专业运动员个体中心网络结构分析。本章主要研究专业运动员个体中心网络，研究和讨论专业运动员的社会讨论网络、社会支持网络、就业支持网络、成就支持网络的规模、演化和构成特征。同时对专业运动员社会网络的形式化和专业运动员社会网络社区结构探测方法进行分析。

第五章　专业运动员整体网络结构分析。本章主要研究专业运动员整体网络的复杂性特征，尤其是在小世界网络及无标度网络特征方面进行深入的探讨；通过平均路径长度、平均聚类系数、度分布特征来判断专业运动员整体网络是否具有典型复杂网络特征是研究的重点，并对这些复杂网络特征的作用进行分析。

第六章　基于矩阵分布的贝叶斯网络分析模型与算法。本章针对专业运动员社会网络的特征，结合统计机器学习分析理论，建立适合专业运动员社会网络分析的稀疏矩阵高斯过程模型，并对其进行算法优化。该模型有效地描述节点间的相互关联性及非线性互动关系，从而更有效地分析节点个体中心网络及整体网络的结构。

第七章　专业运动员社会网络节点因素分析及个体中心网络的缺省联结关系预测。本章主要对专业运动员社会网络的节点因素进行分析，描述专业运动员社会网络中各节点的权重，可以知道哪些因素对专业运动员社会网络的形成影响较大，作为形成社区的基础。

第八章　专业运动员群体网络的社区关系分析。本章基于前面的研究成果，发现专业运动员社交关系通常具有明显的小世界网络特征，对社区现象进行进一步研究，依据前面建立的专业运动员社会网络的稀疏矩阵高斯过程模型，对社区的成因进行分析，并对两个典型的群体网络（社会交往支持网络与成就支持网络）使用机器学习手段进行社区关系分析。

第九章　展望。本章对研究成果进行总结，对研究创新和发现进行概括和说明，对研究的局限进行阐述，并指明今后的研究方向。

第六节　数据来源与研究方法

本书采用的数据来自相关课题组研究成员对陕西省体育局所属的专业运动训练基地——丈八训练基地的专业运动员进行的几次抽样调查。丈八训练基地是省级专业队的训练基地，它是陕西省乃至全国较大的训练基地。丈八训练基地的运动员和运动项目都比较集中，训练、学习和生活环境相对独立，由陕西省体操运动管理中心（艺术体操队、蹦床队、健美操队和竞技体操队）、陕西省武术运动管理中心（武术套路队和散打队）、陕西省重竞技运动管理中心（摔跤队、举重队、柔道队）、陕西省足球运动管理中心（男足队和女足队）、陕西省游泳运动管理中心（游泳队和跳水队）等中心和运动队组成，近1000名专业运动员在这里训练。因此，选取丈八训练基地作为中国专业运动员调查地，从中抽取专业运动员样本所获得的数据具有一定的代表性。

本书依据信息科学中复杂网络理论结构系统工程的思想和原理，构建专业运动员个体中心网络和整体网络结构的分析框架，结合管理学和社会学方法，综合运用社会网络分析（包括传统社会网络分析和复杂社会网络分析）和统计学等分析技术进行分析。

在专业运动员个体中心网络结构的分析过程中，建立回归模型，对个体中心网络的结构进行研究，分析专业运动员在训练生活过程中的各种因素对社会网络的影响，了解影响专业运动员个体中心网络规模和关系强度的主要因素。另外，探讨中国专业运动员社会网络的个体规模和构成特征，研究社会支持网络、社会讨论网络、就业支持网络及成就支持网络等四个专业运动员个体中心网络的组成结构及网络中各因素的关系。

利用复杂网络分析方法，分析专业运动员整体网络（建立社会支持网络和社会讨论网络两个大方面的共计八个整体网络）的微观、中观和宏观结构特征及对各层次网络结构的综合研究；利用复杂网络分析方法，完成专业运动员社会网络的复杂整体网络特征分析，包括三个方面：一是微观层次的无标度网络与连接倾向性分析；二是改进基于复杂网络分析的社群结构探测算法并分析专业运动员社会网络的社群结构；三是分析专业运动员社会网络的小世界网络特征。具体分析方法包括结构洞分析、凝聚子群分析和核心-边缘结构分析、小世界网络分析、社群结构分析和无标度网络分析等，分析软件有 SPSS 软件、UCINET 软件。

本书在采取社会网络分析和统计学等分析技术进行分析时有两种方式：一是原有成熟方法的直接应用；二是对原有不成熟方法加以改进后的再应用。具体情况是，社会网络分析方法相对成熟，例如，中心性（势）、密度和三方关系都是传统的网络指标，包括嵌入性分析和相关检验、派系结构分析，本书对这些方法直接加以使用。基于复杂网络分析的不断发展，本书改进无标度网络、社群结构及小世界网络等复杂网络分析方法。

本书采用基于统计机器学习的社会网络分析算法，主要有基于矩阵分布/矩阵过程的贝叶斯网络分析模型，把网络看作个体节点的隶属结构和个体自身特性共同作用产生的结果。因此，结合网络自身的属性特征和潜在矩阵分布来学习网络的社区结构,通过对个体节点的隶属矩阵和个体自身特性做加权的回归分析。

本书分析网络属性获取统计特征。传统网络分析主要关注社会网络结构特征,研究社会网络的结构指标和分析方法。一方面,利用这些指标对专业运动员群体人际关系网络进行描述与分析,并基于有关指标分析网络的特点;另一方面,充分考虑网络特征,例如,专业运动员群体人际关系网络不是简单的0-1网络,而是加权网络,从而对传统网络分析指标进行改进,以更好地反映现实网络特征。

第七节 主要研究工作、结论和研究创新

本书的成果不仅在体育人文社会科学研究领域提升了体育管理学和体育社会学的研究水平与高度,同时实现了对社会学领域复杂社会网络研究和计算社会科学中机器学习算法原有理论的补充、优化和拓展。

(1)目前从国际和国内的研究成果来看,还未发现研究专业运动员的社会网络结构的成果。本书根据目前有关复杂网络的研究成果和社会网络的分析理论,认真梳理复杂网络理论,如复杂性特征、社群结构分析、网络动态等成果,以及该理论在社会网络中的应用;也对国际最新的研究成果,包括个体关系网络最新的研究,个体观念、行为对关系网络其他成员产生的影响,个体对整个群体的关系和影响等进行了理论探讨。这为研究复杂网络视角下中国专业运动员社会网络的结构奠定了理论基础,提供了理论和方法。

(2)复杂网络已经成为目前发展最快的复杂系统研究领域之一,社会网络成为揭示复杂社会系统结构和功能的重要手段。但是,问卷的科学性使得复杂社会网络的数据收集和分析方法相对复杂。本书根据研究目标和社会网络的最新研究成果,经过问卷框架设计、问卷初步设计、问卷试调查、问卷修改及问卷终稿形成等一系列科学设计过程,设计专业运动员社会网络问卷,为数据采集提供了科学保证。专业运动员个体中心网络主要由四种子网络构成:社会支持网络、社会讨论网络(收入待遇讨论网络、队内管理讨论网络、婚恋讨论网络)、就业支持网络及成就支持网络等。专业运动员整体网络包括两个大的方面:一个是整体支持网络;另一个是整体讨论网络。专业运动员整体网络采用定位法,专业运动员个体中心网络采取定位法和定名法相结合的方法。本书问卷的设计思路和内容给有关复杂社会网络的研究提供了借鉴和思路。

(3)在专业运动员个体中心网络结构的分析过程中,建立回归模型,对个体中心网络的结构进行研究。研究分析专业运动员在训练生活过程中的各种因素对个体中心网络的影响,了解影响专业运动员个体中心网络规模和关系强度的主要因素。另外,探讨中国专业运动员个体中心网络结构的规模和构成特征,研究社

会支持网络、社会讨论网络、就业支持网络及成就支持网络等四个专业运动员个体中心网络的组成结构及网络中各因素的关系。研究发现以下内容。

①在运动队的管理方面，专业运动员仍旧对退役安置问题最不满意，并且认为文化教育投入的比例较小，选拔与奖惩方面也存在很多问题。同时，对于有关婚恋问题的调查，专业运动员认为谈恋爱更倾向于起到正面促进作用。这些问题都是在专业运动员管理方面亟待解决的问题。

②对专业运动员社会支持网络的研究发现，专业运动员社会交往支持网络规模最大，实际支持最小。这说明专业运动员在日常生活与训练过程中实际的支持没有那么重要，这可能与他们现实的生活有关。运动训练中心封闭管理，给他们提供吃饭住宿，专业运动员在这方面的诉求较低。专业运动员表现出高的社会交往支持，在关系强度上，专业运动员的社会支持仍旧表现出强烈的强关系倾向，尤其在社会交往支持上，强关系的比例达到60%以上。

③对专业运动员社会讨论网络的研究发现，在关乎专业运动员生计与自身利益问题上，专业运动员愿意与更多的人交流讨论；在婚恋等个人隐私问题上，专业运动员与他人交流讨论得相对较少。这一方面可能与运动队的制度有关，加上被访者年龄相对较小，谈论这种问题会比较羞涩，也只有对知心朋友才会提及。同时，专业运动员表现了强烈的强关系倾向，这与整体网络的研究中专业运动员的小团体现象相一致，说明专业运动员与社会其他人群接触较少，社会交往圈子狭窄。

④对专业运动员就业支持网络的研究发现，专业运动员未来的职业发展自由化，不受某种职业的困扰，自主创业，自由发展。这其实体现了国家对专业运动员退役安置制度的薄弱，专业运动员未来就业无法得到保障。他们只能自谋出路，对未来职业发展带有一定的盲目性和未知性。同时，在选择未来职业时"自身兴趣爱好""收入高""展示自己价值"是专业运动员最看重的三个原因。

⑤对专业运动员成就支持网络的研究发现，队内管理人员和队友起到至关重要的作用，这两者的占比之和达到65%左右，甚至超过家人的占比。因此，在关系强度上，虽然强关系占据优势，但是弱关系的比例相较其他网络已有了较大幅度的提高，在这里，队内管理人员起主要的作用。因此，运动成绩的取得与队内管理人员、队友密切相关。

（4）利用复杂网络分析方法，分析专业运动员整体网络（建立社会支持网络和社会讨论网络两个大方面的共计八个整体网络）的微观、中观和宏观结构特征；利用复杂网络分析方法，完成专业运动员社会网络的复杂整体网络特征分析，包括三个方面：一是微观层次的无标度网络与连接倾向性分析；二是改进基于复杂网络分析的社群结构探测算法并分析专业运动员社会网络的社群结构；三是分析专业运动员社会网络的小世界网络特征。具体分析方法包括结构洞分析、凝聚子群分析和核心-边缘结构分析、小世界网络分析、社群结构分析和无标度网络分析等。研究发现以下内容。

①专业运动员社会网络微观结构显示，无论是社会支持网络还是社会讨论网络，都有一部分专业运动员与队员没有联系，他们在群体中没有"权力"，难以获得网络资源。由于对资源的获取比运动员之间的观念交流更急切，专业运动员的社会支持网络的中心性整体上高于社会讨论网络。就社会支持网络而言，实际支持和社交支持中心性高于情感支持，原因是向前者投入精力的回报相对更大，情感支持不足是专业运动员队伍存在的主要问题。就社会讨论网络而言，收入和专业性是主要的讨论话题，婚恋话题的讨论相对较少，与专业运动员年龄及运动队的相关规定有关。部分专业运动员在群体交往中扮演"信息桥"的角色，在网络资源获取或观念传播中具有支配作用。

②专业运动员社会网络中观结构显示，运动员小团体结构稀疏，社会讨论主要发生在有社会支持关系的小群体间。社会支持网络的派系多于社会讨论网络，相应地，社会支持网络的重叠成员较多，派系重叠成员比其他成员更为活跃，无论社会支持网络还是社会讨论网络，都有部分专业运动员处于相对孤立状态，既不与相同结构位置的成员交流，也不主动与其他群体沟通，仅仅被动地接受，处于被支配地位。社会讨论网络比社会支持网络更易形成小团体。

③专业运动员社会网络宏观结构显示，社会支持网络之间、社会讨论网络之间及社会支持网络和社会讨论网络之间存在嵌入性，即相关性。总体而言，专业运动员在寻求社会支持或社会讨论时较主动、活跃，而在接受社会支持或社会讨论时较为被动。同时，专业运动员社会网络中存在小世界网络，社会讨论网络比社会支持网络更为明显。小世界特征反映了专业运动员社会网络中存在丰富的局部连接和很少的随机长距离连接，说明社会关系中存在短路径，尤其是社会讨论网络，这种短路径有利于专业运动员个体之间迅速建立社会支持关系。

④专业运动员的复杂社会网络研究显示，专业运动员社会交往具有自组织特点，少数专业运动员在人际交往中处于优势地位，拥有更多的社会关系，在交往过程中会形成小团体，多数为小规模的群体，小世界网络依然存在。

（5）提出面向专业运动员的社会网络构建与分析方法。从传统社会网络分析方法出发，研究专业运动员个体中心网络和整体网络的结构与关系特征，对这类网络的建模进行研究，提出专业运动员社会网络的形式化表示方法，包括其网络结构的形式化及网络关系的形式化，同时探讨专业运动员个体中心网络与整体网络关系的分析方法。

（6）提出专业运动员社会网络的基于矩阵分布的贝叶斯网络分析模型与算法优化。基于专业运动员调查的八个网络关系，利用网络中边的属性信息建立边和属性间的回归模型，在此基础上建立该网络的 Probit 模型，刻画网络中的隐藏联结，最终通过关系矩阵的拉普拉斯先验给出变量的分布，依据贝叶斯理论得到所有变量的联合分布，也就是本书提到的稀疏矩阵高斯过程模型。除了给出模型的详细建立过程与解释，还通过求期望和最大期望两个步骤对模型进行优化。该模型的建立对机器学习方法在专业运动员社会网络的构建与分析中的应用奠定了基础。

（7）机器学习方法在专业运动员社会网络分析及链路预测中的应用。利用稀疏矩阵高斯过程模型与提出的贝叶斯网络分析模型，对调查问卷的专业运动员社会网络支持数据进行节点属性分析、个体中心网络的缺省联结预测，以及基于社区的整体网络的关系分析。研究发现以下内容。

①就模型和算法在节点因子分析过程的表现来看，这种机器学习方法能够快速准确地获得节点因子对于其各种关系网络的影响程度，适用于对专业运动员节点的支持属性因子分析。

②在专业运动员个体中心网络的缺省联结预测分析中，针对本问卷数据，对专业运动员的八个网络进行预测，基于模型的预测算法表现出较好的预测性能，分类器的统计量表明，该算法具有较为理想的准确率和查全率。

③从专业运动员的复杂网络社区分析研究中可以看出，专业运动员的社区汇聚受到某些特定因素的影响。从分析结果来看，算法可以得到专业运动员在网络关系上的合作趋势，少数专业运动员在人际交往中处于优势地位，拥有较多的社会支持关系，在交往过程中会形成多个小团体，多为小规模的群体，具有小世界特征。

第二章 基本理论基础和方法评述

本章将系统地评述复杂网络视角下中国专业运动员社会网络结构研究相关的复杂网络、社会网络理论和社会网络分析方法的研究现状。

第一节 基 本 理 论

社会支持网络研究是社会网络研究的一个最重要内容。社会网络与社会资本理论具有天然的联系,社会网络是社会资本的重要组成部分,也是社会资本的重要表现形式。社会资本理论和社会网络理论对通过个体微观行为研究宏观社会问题具有重要的弥合作用。这为以中国专业运动员社会支持网络作为桥梁来分析专业运动员的个体观念与行为,进而探讨专业运动员相关的问题提供了重要的理论依据。社会资本理论、社会网络理论是本书的主要理论基础。

一、社会资本理论

社会资本理论从诞生至今不过几十年,已经广泛应用于社会学、经济学、文化学以及哲学等多个领域,逐渐成为多学科乃至跨学科研究的一种理论研究范式。

Hanifan(1916)将社会资本定义为社会生活中一种重要的资源,是个体和家庭在不断的社会互动过程中形成的伙伴关系、互动往来等。同时,社会资本能在个体和家庭中产生纽带作用,强调了社会资本是一种有利于个体和家庭发展的资源形式。Bourdieu(1986)在《资本的形式》(*The Forms of Capital*)中系统阐述了社会资本这一概念,认为社会资本是现实或潜在的资源的集合体,这种资源既包括真实资源,又包括虚拟资源,既包括实际存在的资源,又包括潜在未发生的资源。Bourdieu 于 1992 年对社会资本的概念作了进一步阐述:社会资本是指某个人或群体凭借拥有一个比较稳定又在一定程度上制度化的相互交往、彼此熟识的关系网,从而积累起来的实际存在或虚有其表的资源的总和。Coleman(1988)认为,社会资本镶嵌在社会人际关系的结构中,在实际生活中定义为个人占有的社会结构资源。Bourdieu 的社会资本理论已经相对完善,Coleman 在此基础上发展了 Bourdieu 的社会资本理论,具体阐述了社会资本的性质、类型和产生等,形成了较为系统完整的社会资本理论架构,有助于对社会资本概念的理解。Burt（1997）认为，社会资本表现为社会网络结构为成员所能提供的资源控制信息的程度。Nahapiet 和 Ghoshal（1998）将社会资本定义为嵌入在个体或者社会群体的关系网络中的现实的或潜在的资源总和。Lin（1999）指出，社会资本应界定为个体通过自身直接或间接的关系而获得的资源。Lin 认为，社会资本的理论模型包括三个过程：一是社会资本中的投资；二是社会资本的摄取和动员；三是社会资本的回报。他把社会行动分为工具性行动和情感性行动，工具性行动可理解为获得不被行动者拥有的资源，而情感性行动可理解为维持已被行动者拥有的资源。张远为和严飞（2018）将社会资本定义为在社会关系的基础上，以群体的共同利益作为目的，通过人与人之间的交往形成的社会网络关系和社会规范，它能够促进合作行动从而提高社会效率。从学者对社会资本的定义来看，社会资本是一种资源的象征，这种资源包括信息资源、情感资源等。

学者对社会资本的概念和内涵进行深入研究后，社会资本的理论价值也随之提升。随后，学者对社会资本的具体测量和维度展开研究，旨在提升社会资本的应用价值。

社会资本的测量在不同情景下是不同的，目前常见的有二维、三维之分和微观、中观、宏观之分。维度上，二维将社会资本划分为结构资本和认知资本，代表人物为 Krishna 和 Uphoff；三维将社会资本划分为认知资本、关系资本和结构资本，代表人物为 Nahapiet 和 Ghoshal。Krishna 和 Uphoff（1999）将社会资本分为认知资本和结构资本两个维度，其中，认知资本是嵌入在社会成员关系中无形的规范、价值观、态度和信仰等资源，是指意识形态、人与人潜移默化的关系、信念、凝聚力、价值观、声誉等抽象无形却又真实地发挥作用的部分；结构资本是社会成员在规则、程序的基础上建立起来的关系模式，这种关系模式和结构能够提升效率。Nahapiet 和 Ghoshal（1998）将社会资本划分为关系资本、结构资本和认知资本三个维度，其中，关系资本是指社会成员之间的关系中所嵌入的资产，包括信任、规范、认同、义务与期望以及可辨识的身份等，关注个体通过社会互动发展社会关系，从而对个体或者群体产生影响；结构资本是指社会成员之间关系模式所形成的整体特征，整体特征带来了效率的提升、资源的获取等，强调社会行动者之间的联系方式；认知资本是指社会网络成员中共同的语言与符号、行为习惯、共享的价值观与共同愿景等。二维和三维的社会资本划分与测量在研究中都有体现，例如，周广肃等（2014）利用社会资本的二维划分方法——结构资本和认知资本，研究其对健康水平的作用，以及通过加强或减弱收入差距来影响健康；Gonzalez-Brambila 等（2013）从认知资本、关系资本和结构资本角度，研究合作网络对科研人员的基于 h 指数和类 h 指数的研究表现的影响作用；Li 等（2013）也利用认知资本、关系资本和结构资本三个维度测量社会资本，研究合作网络对科研人员的研究产出的影响作用。

层次上，社会资本被分为微观、中观和宏观。宏观层次的社会资本主要涉及国家之间、地区之间的关系所蕴含的社会资本。Cohen 和 Prusak（2001）将信任作为测量社会资本的核心指标，关注公司企业、社会组织、城乡社会资本等对提高群体成员的社会福祉的影响作用研究。Ichiro 等（2004）凝练了社区社会资本的主要维度：信任、互惠、社会支持、参与社团和组织、社区归属感、社区凝聚力、自愿活动、非正式社交活动等。桂勇和黄荣贵（2008）提出了一种社区社会资本的多元维度测量方法，经过分析检验确定社会资本包括地方性社会网络、社区归属感、社区凝聚力、非地方性社交、志愿主义、互惠与一般性信任和社区信任 7 个维度。微观层次的社会资本主要涉及个体的社会资本，是个体嵌入在网络中的产物，其主要以关系的形式存在，如个人的血缘关系、朋友关系、同学关系等人际关系，也包括个人所拥有的学历、资产以及社会声望等。

现有文献已经从基本概念、度量方法和指标及其对社会、经济的绩效等角度对社会资本理论进行深入研究。社会资本理论的发展已经相对完善，近些年的研究集中于将社会资本理论与具体问题结合，例如，Cook 和 Whitmeyer（1992）从 Bourdieu 的社会资本理论的角度考察街头无家可归者的生存；Valente 和 Pitts（2017）分析评估社会网络理论并将其应用于公共卫生问题；周涛等（2020）基于社会资本理论研究在线健康社区用户的参与行为；张振康和王永菲（2020）基于社会网络理论的视角研究公共图书馆阅读趣缘网络。

二、社会网络理论

社会网络是一种基于网络（节点间的相互连接）而非群体（明确的边界和秩序）的社会组织形式，是西方社会学于 20 世纪四五十年代兴起的一种社会学分析视角。尽管社会网络从提出至今已有 80 余年，社会网络现在仍然是学术研究的重要理论支撑。社会网络是社会个体成员之间因互动而形成的相对稳定的关系体系，关注的是人们之间的互动和联系，社会互动会影响人们的社会行为。

1. 社会网络概念的发展

20 世纪 40 年代，英国人类学家阿尔弗雷德·拉德克利夫-布朗首次在《原始社会的结构和功能》（*Structure and Function in Primitive Society*）中提出社会网络的概念，指出社会网络是将社会中个体成员关联在一起的一种关系。Barnes（1954）认为，个体之间非正式的联结关系是社会网络含义的精髓。Williamson（1979）认为，社会网络是独立群体间建立的介于市场交易和组织层级之间的信任、契约等形式的相互关系。Thorelli（1986）认为，社会网络是成员间为了共享知识、实现资源互补而形成的基于市场与层级之间的交易关系。较成熟的社会网络的定义是 Wellman 于 1988 年提出的，即社会网络是由某些个体间的社会关系构成的相对稳定的系统，网络是联结行动者（actor）的一系列社会关系（social ties/social relations），它们以相对稳定的模式构成社会结构（social-structure）。Jarillo（1988）基于社会网络建立的动机认为，社会网络是成员之间为了维持共同利益和竞争优势而有目的地建立起来的关系网络。Uzzi（1996）将社会网络定义为企业间为了共享信息和解决问题而建立起的相互信任、紧密关系的嵌入性互动关系。关于社会网络的概念，学者有不同的定义。本书认为，社会网络是由社会中的个体、群体和组织及其所形成的一系列关系和纽带构成的集合，强调关系中所嵌入的资源等，将社会网络系统作为一个整体来解释社会行为。

2. 社会网络理论的理论基础

社会网络理论自 20 世纪 40 年代提出后迅速发展，作为社会学研究的重要理论基础，已经广泛应用于计算科学、数学、教育学、神经科学、经济学、管理学、地理学、经济学以及信息传播学等学科领域。其代表性理论主要有网络结构观、关系强度理论、结构洞理论。

1）网络结构观

网络结构观被提出之前，地位结构观一直占据主要地位。网络结构观与地位结构观是两种完全不同的研究范式。地位结构观认为，社会中个体都具有某些属性，可以按照个体成员的属性将其分类，而他们的社会行为就是按照其所属的类别来说明的。网络结构观则认为，个体之间的关系也可以是集体的关系（如家庭、部门、组织、机构、国家），都是一种客观存在的社会结构，这种关系结构会对个体或集体行为产生影响。网络结构观强调从社会行动者的位置属性角度分析社会行动者间的关系纽带及关系属性来映射社会的结构特征，从结构属性角度理解人类社会的行为关系，把社会网络定义为社会个体成员之间因互动而形成的相对稳定的关系体系。网络结构观的相关研究认为，社会是一个巨大的网络，它由众多数量、属性不一的网络组成，结构化的社会网络关系比社会成员的个体属性更能解释社会学中的各种现象，社会网络规则源于网络结构的位置属性，网络结构会影响社会行动者的行为。网络结构观研究着重分析社会行动者构成的网络的结构特性及社会行动者互动的模式，强调社会行动者之间的相互影响、依赖和由此产生的整体行为，关注的是社会行动者之间、团体之间以及组织之间的关系模式。Nohria、Granovetter 等也是网络结构观的支持者，他们反对把个体按其类别属性分类并用属性解释其行动的说法。地位结构观和网络结构观主要有以下不同。

（1）地位结构观强调个体的属性特征（年龄、性别、阶级地位等），并将个体按其属性特征分类；网络结构观强调个体与个体之间的关联、纽带（家人、朋友等），通过个体的社会关系网络将其分类。

（2）地位结构观关注个体的身份和归属感；网络结构观关注个体的社会嵌入性。

（3）地位结构观强调个人对资源的占有与否以及占有资源的多少，并将其归结为个体的地位；网络结构观认为个体在网络中的位置、网络的规模决定了社会网络规则。

网络结构观与地位结构观看似对立，实际上是相互补充的。

2）关系强度理论

关系强度理论包括强关系理论和弱关系理论。20世纪60年代晚期，美国社会学家Granovetter在寻访马萨诸塞州牛顿镇的居民如何找工作以反映社会网络的研究中发现，紧密的朋友反倒没有那些平时很少联系或不怎么熟悉的人更能够发挥作用。经过前期的研究铺垫，Granovetter（1973）发表了"弱关系的力量"（The Strength of Weak Ties），并提出弱关系理论。弱关系是人们由交流和接触产生的、联系较弱的人际交往纽带。在传统社会，每个人接触最频繁的是自己的亲人、同学、朋友、同事，构成了一种十分稳定，但传播范围有限的社会认知，即强关系（strong ties）；与此同时，人类社会中还存在另外一类更为广泛亦更为肤浅的社会认知，如被人无意间提到或者打开收音机偶然听到的一个人，即弱关系（weak ties）。Granovetter在研究中发现，与一个人的工作和事业关系最密切的社会关系往往不是强关系，而是弱关系。强关系使得网络成员所拥有的以及获取的信息资源同质性较强，这时网络成员很难为双方提供其所需要的信息；弱关系使得网络成员所拥有的信息异质性强，这就使得弱关系的网络成员间通过交流能够为双方或一方提供不一样的信息资源，使信息寻求者能够获得更丰富的信息。弱关系不如强关系那样坚固，却有着极快的、可能具有低成本和高效能的传播效率。在著名的六度分隔实验中发现，将世界上原本毫不相关的人联系在一起的是层层叠加的弱关系，而不是强关系。弱关系理论从社会行动者之间的关系属性角度出发，认为人们之间的关系特征会影响其社会行为以及资源获取，是社会网络理论发展的重要基石。

弱关系是发生在群体之间的，分布较广，因此更有利于信息等资源的获取。在关系强度的测量方面，Granovetter提出了四个维度：互动频率（互动次数多为强关系，反之为弱关系）、感情力量（感情较深为强关系，反之为弱关系）、亲密程度（关系密切为强关系，反之为弱关系）、互惠交换（互惠交换多而广为强关系，反之为弱关系）。这也是目前广泛应用的关系强度测量维度。Hansen（1999）利用弱关系和复杂知识的概念来解释弱关系在多单元组织中跨组织子单元共享知识中的作用。喻国明等（2019）利用Granovetter的关系强度测量维度研究网络交往中的弱关系。

Granovetter虽然指出了弱关系理论，但是他着重阐述和发展了符合美国社会的弱关系理论。后来有学者的研究证实了他的弱关系理论，但也有学者的发现与之相悖。de Graaf和Flap（1988）在研究中发现荷兰的技术劳动者更经常地通过强关系而非弱关系获得工作信息。边燕杰和张磊（2013）在对比西方社会资本和中国社会资本之后指出，中国社会资本的关系是具有高度个性化、富有亲情或拟亲情色彩的强关系，不同于西方社会资本的弱关系，结合中国实际情况发展强关系理论，并且强关系往往带来人情资源，弱关系往往带来信息资源。

强关系的特点是个人的社会网络同质性较强（交往的人群从事的工作、掌握的信息都是趋同的），人与人关系紧密，有很强的情感因素维系人际关系。弱关系的特点是个人的社会网络异质性较强（交往面很广，交往对象可能来自各行各业，可以获得的信息也是多方面的），人与人关系并不紧密，也没有太多的感情维系。强关系可以带来相对于弱关系更稳固的资源。

关系强度理论的发展有助于更好地理解个体之间的关系与行为互动，也为研究互联网时代的社交行为互动及动态变化提供了理论支撑。

3）结构洞理论

Burt（1992）指出，如果两个个体（群体）之间缺少直接的联系，那么从网络结构看，就好像在这两个个体（群体）间存在一个结构洞，而能把两者联系起来的"中间人"就在网络中占据结构洞的位置。Burt指出，社会网络中的结构洞不仅有更大的获取非重复资源的机会，而且可以控制由结构洞连接的一组组节点间的资源流动，因而能给位于竞争场域的参与者带来更大的收益。Burt（1992）利用结构洞理论对美国大型高科技企业进行分析，研究企业内人员的职业流动和晋升分布，发现联系人网络中有较多结构洞的经理往往提升得更快。

Burt还对美国行业的市场竞争结构进行分析，发现结构洞的数量和分布能够通过影响市场主体的自主性进而影响其行为，结构洞所带来的信息收益能使焦点企业成为信息的集散中心，为企业创新提供有利条件。结构洞所带来的信息优势在随后的研究中也被证实，Hargadon和Sutton（1997）、Ahuja（2000）发现结构洞位置的个体或团体能够获得异质性信息，有利于创新。章丹和胡祖光（2013）通过研究证明结构洞对企业技术创新活动具有正向影响。

综上所述，网络结构观、关系强度理论、结构洞理论作为社会网络理论的基石，在微观行为和宏观现象之间建立了一座桥梁，为学术研究提供了独特的视角。

第二节　社会网络分析方法

社会网络的结构及其对社会行为的影响模式是社会网络的研究对象，研究社会网络的目的是揭示深层的社会结构，即隐藏在社会系统复杂表象之下的固定网络模式。社会网络是社会行动者之间通过互动而构建的相对稳定的关系体系,社会网络研究则关注社会行动者之间的互动和联系,分析社会互动如何影响社会成员的社会行为。社会网络分析方法是研究社会行动者之间互动的结构性方法,应用社会网络形式化表达及矩阵分析、可视化、网络特征分析等方法,发展出一套新的社会结构和行为分析方法,将复杂的关系形态用一定的网络结构表现出来,并根据结构的变化,分析社会结构及个体活动的意义。社会网络分析方法作为一种社会学研究范式,核心要素在于对由节点和连线构成的社会网络进行结构性分析。社会网络分析方法是对社会行动者间的复杂关系进行量化研究的一种科学方法,通过构建和现实社会之间的相似性连接作为研究社会关系的基础,使用可视化和网络特征分析方法来实现对社会网络中关系特征的研究。社会网络分析强调社会行动者之间或多或少存在关系,很少有人是完全孤立于整体网络之外的,通过数学方法、图论等定量分析方法以及网络特征(如中心性、密度、结构洞)测量指标,量化一个人在网络中的结构特征,从而预测网络中节点的行为倾向。

社会网络分析方法作为社会科学研究的一种新的范式和方法,自提出以来就获得学者的广泛关注。经过多年的发展,社会网络分析方法相对成熟,其基本思想如下:构成社会的基本单元是网络,而不是群体;社会行动者间的互动联系会形成网络;社会行动者的行为会影响整体网络的结构,同样,整体网络的结构会影响置身于网络的社会行动者,这种影响既有正面的,也有负面的;社会行动者的行为并不是孤立的,其行为会受其他行动者的影响;社会资源的流动是通过社会行动者间的联系实现的;社会网络结构模型的操作化有利于研究社会行动者间的关系模式及演化特征;从社会关系角度分析关系对行为的影响比单从个体属性角度得出的结论和解释更具可信性。社会网络分析有两个基本视角:关系取向和位置取向。关系取向关注社会行动者之间的社会性关系,通过社会联结来解释特定的行为和过程;位置取向关注存在于社会行动者之间的且在结构上处于相等地位的社会关系的模式化,它讨论的是两个或以上的社会行动者和第三方之间的关系所折射出来的社会结构,强调用结构等效来理解人类行为。

社会网络分析可以划分为个体中心网络分析和整体网络分析,前者分析个体/节点的属性与个体中心网络之间的关系,后者主要研究网络的结构、图论性质及位置属性等。更为细致地,社会网络分析可以划分为微观结构分析、中观结构分析和宏观结构分析。社会网络微观结构分析关注最基本的社会关系——角色关系;社会网络中观结构分析关注社会构成要素之间的关系,这种结构关系不是体现在个体活动之间,而是体现在小群体之间;社会网络宏观结构分析研究整体的社会结构以及整体结构的功能和效应。个体中心网络的研究切入点为网络中的节点,通过对个体在网络中的位置及属性的分析来捕获个体的特征,例如,个人的社交圈是否处于结构洞位置,在网络中的影响力等,从而解释个体的行为倾向。整体网络是由一个具有明显边界的群体内部成员及其关系所构成的网络，如国家、城市、班级。与个体中心网络分析不同，整体网络以网络整体的结构作为直接的研究对象，而不是网络中的某些个体及其关系，利用整体网络的测量指标（密度、互惠性、平均路径长度、凝聚力、中心性等），分析群体内部的关系及互动模式。学者通过分析整体网络的特性，探究网络中个体受到网络影响后所表现出来的总体特征，这一整体特性解释了个体在整体网络中不断地受到其他个体的影响下，最终实现社会环境和社会结构的嵌入。整体网络研究可以对整体网络进行比较全面的研究，揭示整体网络的各种结构特征。例如，可以计算出网络的互惠指数，揭示网络中的三方关系结构以及整体网络结构，了解整体网络中的分派情况，计算网络的密度等。显然，这种分析是个体中心网络研究所不能达到的。实际上，整体网络研究个体观念、行为受到社会网络因素的影响，同时反映社会网络产生影响的过程，是一种基于动态研究的方法。

一、社会网络微观结构分析

中心性和结构洞是社会网络微观结构分析的两个主要角度，通过分析揭示个体在网络中的位置属性和资源优劣势。

中心性是社会网络微观结构特性之一，是判断网络中节点重要性/影响力的指标。中心性测量指标包括度中心性（degree centrality）、接近中心性（closeness centrality）、中间中心性（betweenness centrality，又称中介中心性）三个指标。度中心性表示一个点与其他点直接连接的数量总和，是网络分析中节点中心性的最直接度量指标。一个节点的节点度越大，该节点的度中心性越高，该节点在网络中就越重要。接近中心性反映在网络中某一节点与其他节点间的接近程度，用一个节点到所有其他节点的最短距离的加和的倒数表示。一个节点距离其他节点越近，它的接近中心性越大。接近中心性是测量一个行动者独立于其他行动者控制的指标。中间中心性是指一个节点担任其他两个节点间最短路径的桥梁的次数。一个节点充当"中介"的次数越多，它的中间中心性就越大。具有较高的中间中心性的节点起到沟通其他个体的桥梁作用。如果一个点的中间中心性为 0，则该点不能控制任何行动者，处于网络边缘；如果一个节点的中间中心性为 1，则该点可以完全控制其他行动者，处于网络核心，拥有很大的权力。此外，还存在特征向量中心性（eigenvector centrality）。特征向量中心性表明一个节点的重要性既取决于其邻居节点的数量（该节点的度），也取决于其邻居节点的重要性。

结构洞是社会网络微观结构的另一个测量指标。结构洞是非冗余联系人之间的缺口（chasm），是关系稠密地带之间的稀疏地带，从网络整体看网络中好像出现了洞穴。Burt 认为，个人在网络的位置比关系的强弱更重要，其在网络中的位置决定了个人的信息、资源与权力。因此,不管关系强度,如果存在结构洞,将没有直接联系的两个行动者联系起来的第三者就拥有信息优势和控制优势。因此,个人或组织要想在竞争中保持优势,就必须建立广泛的联系,同时占据更多的结构洞,掌握更多信息。结构洞常见的测量指标有网络约束系数(network constraint index)、有效规模(effective size)、网络效率、等级度、中心性、网页排名(page rank,PR)、局部聚类系数(clustering coefficient,CC)。网络约束系数对网络闭合性和结构洞进行测度,描述网络中某个节点与其他节点直接或间接联系的紧密程度。网络约束系数越高,网络闭合性越高,结构洞越少。有效规模反映节点的整体影响力,在一定程度上定量地衡量结构洞节点的重要性。网络效率描述节点对网络中其他相关节点的影响程度,处于结构洞中节点的网络效率一般比较大。等级度刻画结构洞节点的部分特征,等级度越大,在某个节点的邻域内约束性越集中在该节点上。中心性衡量个体的社会地位,中心性越高的节点,越可能处于结构洞位置。根据 PR 算法原理可推测,PR 得分越高的节点,越有可能是结构洞节点。局部聚类系数反映某个节点的邻接节点聚集成团的倾向,结构洞节点在网络中所处位置比较特殊,因此,只有局部聚类系数小的节点才有可能成为结构洞节点。

社会网络微观结构分析的研究也有很多。蔡萌等(2014)利用 2009 年西安市调查数据研究发现,正式网络(正式网络成员是非自主性的,受制度的强制性约束,人们必须维持这种关系以便相互依赖、相互协作来实现组织目标)中的度中心性没有对员工个人绩效产生影响;非正式网络(非正式网络成员有很大的自主性,人们可以自由寻找并建立联系而不必遵循组织架构和组织制度的要求)中的度中心性对员工个人绩效产生显著正向影响。薛峰等(2020)利用网络的中心性和对称性特征,揭示了长三角城市群人口流动网络结构特征。Gest 等(2010)验证了网络中心性与亲社会和反社会行为方式均存在独特的相关关系。Zhao 和 Jiang(2021)以 222 名中国员工为研究对象,结合情绪事件理论和社会网络理论,探讨在角色压力通过情绪耗竭影响知识隐藏的过程中个体中心网络位置有说服力的边界条件,最后发现了网络中心性和结构洞共同调节角色压力通过情绪耗竭对知识隐藏的间接效应。

社会网络分析方法的微观结构视角以社会中的个体为研究对象,通过各种测量指标来评判个人的影响力、作用、价值等。

二、社会网络中观结构分析

凝聚子群研究是社会网络中观结构分析的研究内容,研究小群体之间的关系,常见的有二方关系、三方关系、子群层次的关系等。

二方关系研究两个个体之间的关系。其中,有向二方关系有三种同构类:单向关系、互惠关系和虚无关系。单向关系和互惠关系的数量占有向二方关系总数的比例反映了网络成员间的单向交流和双向互动,该比例越高,说明个体之间的单向交流和互动联系越多;虚无关系正好相反,该比例越高,说明个体之间的联系和互动越少。三方关系中任意两个个体之间的关系都是二方关系,因此,三方关系是由二方关系构成的。在有向网络中,三方关系所有可能的关系结构有64种,其中同构类只有16种。三方关系中互动的两方关系越多,表明网络成员在该群体中的认同感和归属感越强,他们的观念越容易在该群体中传播或被他人影响。目前关于二方关系、三方关系的理论研究的主要著作是刘军(2004a)的《社会网络分析导论》,李树茁等(2006b)采用深圳市外来农村流动人口专项调查的整体网络数据,以社会网络为视角,分别从二方关系、三方关系以及整体网络层次分析不同类型农民工群体的社会支持网络和社会讨论网络的特征。研究分析发现,农民工社会支持网络的二方关系、三方关系及整体网络特征指标均明显高于社会讨论网络;受性别、职业和年龄等因素影响,不同地点、同一类型社会网络特征以及同一地点、不同类型的社会网络特征均有不同程度的差异。顾慧君(2006)在个体与社会网络相互作用的静态分析中从个体在网络中的位置、个体之间的二方关系、个体所处网络的结构三个层次提取了个体与社会网络相互作用的相关因素。Ribeiro(2005)研究指出,在怀孕、分娩和婴儿生命最初阶段,对母亲的支持对母亲-父亲-婴儿三元组合的建立和发展具有重大影响。

群体是在既定目标和规划的约束下彼此互动、协同活动的一群社会行动者。凝聚子群则是指群体任意子集的社会行动者和他们之间的所有联系,凝聚子群一般超过三个成员。如何从群体中找出凝聚子群是社会网络中观分析的重要内容。

随着社会网络研究的深入,学者发现复杂网络中经常出现个体聚集的现象,但规模远小于整体网络规模,这种小群体称为社群结构。社群结构的特征是社群内部节点间的连接紧密,而社群之间的连接比较稀疏。传统的社群结构探测方法有谱二分法、Kernighan-Lin(K-L)算法、分层聚类法和非分层聚类法。但是传统社群结构探测方法缺点明显,难以满足社群结构分析的需要,从而促进了社群结构探测方法的更新换代。现代社群结构探测方法主要包括 Newman-Girvan(N-G)算法、模拟退火算法、贪婪算法、分等级聚类算法、极值优化算法等,这些方法一般将模块性指标作为社群结构划分合理性的评价依据,在一定程度上克服了传统社群结构探测方法中无法确定社群数量的缺陷,但存在计算时间复杂度高、社群结构评价指标单一等问题。目前,社群的研究主要集中于社群结构探测的方法以及算法的开发和优化。例如,Dao等(2020)分析了知名的社群结构探测方法及产生的社群类型,进行了计算时间、社群规模分布的综合分析,根据不同的优化方案对社群结构探测方法进行了比较评价,并通过验证指标对它们的分区策略进行了比较;Zarei 和 Meybodi(2020)利用基于内存的网络(memory-based-net,MEM-net)、对象自动迁移网络(object migrating automaton-net,

OMA-net）和遗传算法-对象自动迁移网络（genetic algorithm object migrating automaton-net，GAOMA-net）三种算法来探测复杂网络中的社群结构，其中，GAOMA-net 算法采用遗传算法（genetic algorithm，GA）和 OMA-net 相结合的方法，通过真实世界及合成基准网络上的实验发现，GAOMA-net 算法能够有效地探测复杂网络中的社群结构。国内学者关于社群结构的研究较少，张锴琦和杜海峰（2016）基于个体关系属性重新定义了加权网络的社群结构，同时受到连边社群和重叠社群结构探测方法启发，提出了针对加权网络社群结构探测的概率模型及相应的优化算法；杜海峰等（2009）提出一种对应的动态网络社群结构探测算法（community structure detection algorithm for dynamic networks，CDD），可以对动态网络的社群结构变化进行探测。

三、社会网络宏观结构分析

整体网络分析法是一种拥有整体性、全局性特征的关系分析方法，能够展现整体网络结构、密度以及整体网络成员之间的关系。整体网络结构的测量指标主要有网络密度、网络中心性、聚类系数、平均路径长度。网络密度是网络中实际存在的边数与可容纳的边数上限的比值，用来刻画网络中节点间相互连边的密集程度。在社会网络中，网络密度常用于测量社交关系的密集程度以及演化趋势。网络中心性表示一个节点在整个网络中拥有的权重，即一个节点在信息传递过程中阻断信息传递或者扭曲信息内容的能力，进而影响其他节点的行为。聚类系数是网络中节点聚集程度的系数。研究表明，在现实网络中，基于相对高密度连接点的关系，节点总是趋向于建立一组严密的组织关系，这种概率往往比两个节点间随机设立一个连接的平均概率更大。聚类系数包括全局聚类系数、局部聚类系数、平均聚类系数。其中，全局聚类系数是基于节点三元组的，由封闭的三元组数量占所有三元组数量的比例进行计算。一个节点的局部聚类系数表示它的相邻节点形成一个团的紧密程度。平均聚类系数是由 Watts 和 Strogatz 定义的所有节点的局部聚类系数的平均值。社会网络理论认为，高效网络中的任意节点都可以通过最短路径迅速到达其他节点。这有利于网络中的个体快速获取资源，如信息流。平均路径长度就是这个路径的平均值。

对于社会网络宏观层面的研究还有其他指标。彭伟等（2017）提出了层级结构（hierarchical structure）。层级结构表征关系有序的程度，一般由身份或威望决定。计算网络的层级结构时，通常首先运用 UCINET 软件来对分网络矩阵，然后运行层级常规性程序来测量具体数值。Gupta 等（2016）提出了结构对等性（structural equivalence）。结构对等性指网络中两个行动者与其他行动者具有同等的关系，通过计算成对行动者的欧氏距离（Euclidean distance）来进行测度。行动者之间的欧氏距离越小，行动者之间在结构上越对等。如果两个行动者之间的欧氏距离为0，则两者在结构上完全对等。

社会网络研究初期，学者错误地认为随机网络和规则网络可以描绘真实网络，后来发现真实网络是具有高度复杂性的，其特征有：①结构复杂，网络节点数量巨大，网络结构特征多样；②网络变化，节点或连接会产生与消失；③连接多样性，节点间的连接权重存在差异，且有可能存在方向性；④动力学复杂性，节点集可能属于非线性动力学系统；⑤节点多样性，复杂网络中的节点可以代表任何事物。后来，我国著名科学家钱学森给出了复杂网络的较严格的定义，复杂网络是指具有自组织、自相似、吸引子、小世界、无标度中部分或全部性质的网络。复杂网络模型有小世界网络、无标度网络。Watts 和 Strogatz（1998）提出小世界网络，Barabási（1999）提出无标度网络，两种网络都介于规则网络和随机网络之间。小世界网络的特征是平均路径短、聚类系数大，无标度网络具有严重的异质性，其度分布符合幂律分布。相较于无标度网络，学者对小世界网络关注较多。小世界网络理论发展迅速，广泛用于应用物理学、计算科学与技术、生物学等领域。例如，Taylor（2013）利用小世界概念研究蛋白质结构和功能；曹锐（2014）利用复杂网络理论的小世界属性，构建并分析了酗酒患者脑电图（electroencephalogrphy，EEG）功能脑网络，还有文献将小世界网络应用于企业、微博相关研究中。

第三节 复杂网络

社会网络理论和社会网络分析发展之初，在面对由复杂的人及其复杂的关系组成的巨大的社会系统时，还是存在很大的局限性的。例如，数据的规模小，无法解决网络动力学和群体动力学问题。因此，复杂网络模型应运而生，并且快速演化发展。所有用复杂网络理论分析的问题都可以用点和线表示出问题各因素之间的关系。复杂网络最基本的特性值包括度、平均路径长度、聚类系数、介数等。目前复杂网络按度分布分为规则网络、随机网络、小世界网络和无标度网络，每种网络的特性指标都有各自的特点。复杂网络的研究可以使人们更好地了解现实世界的复杂系统，为设计具有良好性能的网络提供理论依据。复杂网络的理论成果将会广泛地应用到生物、计算机、交通等各领域。

一、规则网络

学者最初在研究网络时，认为现实网络中各因素之间的关系可以用规则网络来分析。规则网络是指平移对称性晶格，网络中每个节点的度、度分布、网络直径、网络最短路径、点介数以及边介数都相同。有学者将一维链、二维正方晶格等称为规则网络，并认为规则网络可以应用于真实系统的关系研究。随着复杂网络研究的深入，学者发现规则网络并不符合复杂网络特征，因此提出随机图模型。

二、随机网络

相较于规则网络，随机网络是另一个极端。给定固定的点数 n，两点之间生成边的概率为 p，通过这样的方法生成的网络即 $G(n, p)$ 随机网络。1959 年，Erdos 和 Rényi 首次提出随机图模型，也称为 Erdos-Rényi（ER）模型。该模型将观测到的网络看作一个随机过程的实现，即一系列有着相似重要特征的网络的一个具体实现。随机性虽然符合多数现实网络形成的主要特性，但是随机性很难让人对复杂网络的形成以及不同节点间的相互作用有直观形象的理解。随机网络模型有两种：一种是在随机网络中有 n 个节点，每个节点组互相连接的可能性是 p，固定 p 的随机网络模型称为 $G(n, p)$ 模型；另一种为 $G(n, L)$ 模型，指定网络中的连接数。随机图模型为社会网络模型做出了重要贡献。随后，学者在随机图模型的基础上发展出了 $p1$ 模型、$p2$ 模型、零模型等。

$p1$ 模型又称为二元关系模型，由 Holland 和 Leinharht（1981）提出。二元关系模型针对有向网络，假设物理中部分节点对是互惠的，即假设二元关系相互独立。

$p2$ 模型是网络有向图的协变量的随机效应模型，目的是考虑特定网络结构，同时将二进制网络数据与协变量相关联并进行分析。

零模型由著名物理学家 Newman 等（2001）提出，由原网络 G 的随机形式构成。该模型在期望节点度分布与原网络 G 的节点度分布相匹配的约束下，通过边的随机重连生成。零模型能够用于比较判据，以凸显原网络是否展现出某些非平凡特性，即无法通过简单独立分析得出的复杂属性，如网络中的社团结构。

复杂网络模型在不断发展，以求更好地揭示网络结构所反映的社会规律和特征。目前，国内针对随机图模型的研究主要集中在相关领域的应用，例如，应用指数随机图模型解释专利引用关系的形成机制；基于指数随机图模型进行网络新闻媒体的分析研究，但是缺乏对于随机图模型自身的优化研究。

三、小世界网络

小世界网络是由 Watts 和 Strogatz 提出的。这类网络图可以通过两个独立的结构特征即聚类系数和平均路径长度来进行识别。Watts 和 Strogatz 在随后的研究中提出了一种新的图模型——Watts-Strogatz（WS）模型，该模型具备两个特征：①平均路径较短，即节点的所有最短路径之和的平均值较小；②聚类系数较大，即网络中节点间集结成团的程度的系数较大。现实中，许多现象都符合小世界特征，如社会交往网络、维基百科网络、基因网络。小世界网络经过多年的发展，已经广泛应用于社会学、地球科学、大脑、金融学、经济与管理等研究中。由相关文献可知，目前小世界网络应用在生物和互联网领域的研究比较多，发展得较成熟，而与知识管理、经济和社会问题结合的研究比较少。

四、无标度网络

无标度网络是由 Barabási 于 1999 年提出的。无标度网络介于规则网络和随机网络之间。在一个网络中，如果网络中大多数普通节点拥有很少的连接，而少数热门节点拥有极多的连接，该网络就称为无标度网络。无标度网络的度分布（近似）满足幂律分布。无标度网络除了节点度呈幂律分布，还具有鲁棒性与脆弱性。鲁棒性且脆弱性是大规模网络的基本特性之一，也是体现随机网络和无标度网络之间存在显著差异的重要拓扑特性。无标度网络因为存在枢纽节点，对随机故障容错能力强。如果错误随机发生，枢纽节点数量很少，几乎不会受到影响，并且删减掉其他节点对网络结构影响很小。但是如果蓄意攻击枢纽节点，则网络结构很容易被破坏，变得离散破碎。无标度网络的发现是复杂网络的又一重大突破，研究此类网络的鲁棒性和脆弱性具有十分重要的现实意义。枢纽节点的挖掘有助于保护网络的结构稳定性，使网络在面临随机和蓄意攻击之前，能够制订比较好的应对方案。

五、复杂网络模型

指数随机图模型虽然隐含网络结构的动态性，但要全面揭示网络结构的动态变化则有赖于复杂网络模型。复杂网络模型的起点也是 Erdos 和 Rényi 最先研究的随机图模型。该模型用 N 个互不相连节点随机连接产生 K 条边，只要给定节点间相互连接的概率，就可以得出具有 K 条边的图出现的概率。尽管随机图模型不能产生真实网络具有的一些性质，但它在当时是最好的模型。随后，在描述局部有序的系统向随机网络过渡时，Watts 和 Strogatz 提出了 WS 模型。当节点连接概率为 0 时，网络聚类系数很大，节点间的平均路径长度随着节点数量的增加而线性增大；而当节点连接概率为 1 时，网络聚类系数很小，节点间的平均路径长度随着节点数量的增加呈对数增大；当节点连接概率大于 0 且小于 0.01 时，该模型呈现出小世界特征，节点间的平均路径短、网络聚类系数大。

真实世界中还有一类特殊的网络，这种网络的一个性质是节点度发生的概率是没有刻度的限制，即无标度。这种性质与随机图模型和 WS 模型有很大的不同。为了揭示这种差异，且考虑到真实系统是开放的，Barabási 和 Albert 提出了无标度网络模型。该模型更加接近真实世界，因而受到广泛关注。继小世界网络和无标度网络之后，社群结构探测模型成为复杂网络模型研究的新热点。根据 Newman 的定义，社群结构主要指现实世界的网络会出现一些社群，社群内的节点间关系密集，而不同社群间的节点间关系稀疏。社群结构探测的目的是更好地分离出这些社群。目前，社群结构探测模型主要集中于探测算法的设计及不同算法优劣的比较。少数学者开始研究小世界网络与无标度网络中的社群结构。

根据模型基于个体、局部还是整体网络成员，本书分别把无标度网络、社群结构和小世界网络划分为微观、中观和宏观层次。随着复杂网络模型研究的深入，学者开始关注不同层次复杂网络间的关系。专业运动员社会网络是复杂网络研究的新领域。目前，对专业运动员社会网络复杂性的研究还较少，已有成果为研究专业运动员复杂社会网络结构之间的内在联系提供了启示。本书将借鉴已有模型，分析中国专业运动员复杂网络结构。

第四节 社会网络结构的个体中心网络研究

社会网络分析在社会学理论中的价值是其提供了社会嵌入分析框架中行动者关系内涵的研究，更重要的是，它是目前对结构研究最有力的工具。社会网络理论和方法应用广泛，但总体而言，社会网络的研究重点集中在个体中心网络。

社会网络是由人际互动产生的各种关系的总和。人际互动源自某种个人或社会（组织）的需要。社会支持和社会讨论是人际互动的主要动因，前者主要体现在行为方面，后者主要涉及个体的观念。因此，社会支持网络和社会讨论网络是社会网络研究的两大重要内容。

一、社会支持网络

社会支持的概念首先出现在 20 世纪 70 年代的社会病原学中，最早是和个体的生理、心理和社会适应能力联系在一起的。Cobb（1976）认为，社会支持由三方面构成：第一，个体相信自己是被关心和爱的；第二，个体相信自己是被尊重和有价值的；第三，个体相信自己属于共同的信息网络，并在这个网络中互相承担责任。Huang（2016）认为，社会支持指个体受到社会（如亲朋好友、单位）给予的物质上及精神上的帮助。Zhou 和 Feng（2005）认为，社会支持包括受者、施者及内容和方法。受者是社会中的任何一个个体，也可以是社会中的弱势群体；

施者是国家、社会，也可以是家人、朋友、同事；内容和方法包括许多方面，如情感、物质、信息。学者关于社会支持的定义有两个共同点：一是社会支持是发生在社会行动者之间的；二是社会支持是传递精神、物质等信息的，而且多为单向传递。因此，社会支持网络就是个体之间的互动，通过互动，个人得以维持社会身份并且获得情绪支持、物质援助等。

关于社会支持的类型，不同的学者有不同的定义。van del Poel（1993）将社会支持的内容分为三个方面：实际支持、情感支持和社会交往支持。肖水源和杨德森（1987）认为，社会支持涉及三个方面：一是客观可见的，如社会网络、团体关系、直接的物质援助等；二是主观体验的，多指在社会实践中个人受到尊敬、理解、支持的主观感觉和体验；三是对社会支持的利用效率，有时尽管具备合适的社会支持资源和条件，但出于某些原因，社会支持可能不会被很好地接受和利用。本书认为，社会支持主要分为两类：一是客观实际的支持，即实际社会支持（received social support），包括物质上的援助和直接服务；二是主观体验的或情绪上的支持，即领悟社会支持（perceived social support），指个体感到在社会中被尊重、被支持和被理解的情绪体验和满意程度。

社会支持能够缓解个体心理压力、消除个体心理障碍，在促进个体的心理健康方面起着重要作用，因此广泛应用于幸福感、身心健康的研究。方黎明（2016）关于社会支持与农村老年人的主观幸福感的研究指出，在正式社会支持因素中，医疗保险和养老保障等社会保障制度的构建显著增加了老年人的主观幸福感，对不同居住安排的农村老年人而言，不同的社会支持对其主观幸福感的影响具有一定差异。陶裕春和申昱（2014）关于社会支持对农村老年人身心健康的影响的研究指出，非正式社会支持和正式社会支持均对农村老年人的身心健康具有积极影响，且正式社会支持对非正式社会支持没有显著的挤出效应。国内相关的研究主要集中于探究大学生、老年人、农村人口等群体的社会支持与幸福感、身心健康等心理学概念的关系。

社会支持网络除了对个体心理方面有作用，还有助于个体的求职过程。Oh和Jun（2018）发现，社会支持会影响失业人员的职业准备行为。Weiyan等（2015）在研究中发现，主观支持和社会支持可以预测就业强度、短期或长期的求职和工作状况，社会支持中的主观支持更有利于大学生的求职行为。

二、社会讨论网络

社会讨论网络即核心关系讨论网络，通过询问调查者半年内和谁讨论过重要问题来定义他们的网络关系，是一种清晰而具体的操作化定义。社会讨论网络作为社会网络分析中的一部分，研究个体的行为与网络的相互影响作用。讨论网络这一概念是由 Marsden 在 1985 年提出的,他发现美国人的讨论网络规模较小,以亲属为中心,相对密集且同质。白淑英(2001)对互联网中的讨论网络进行了研究,发现其网络在规模、趋同性、主体构成、关系形成的前提等方面具有一些新的特征。李树茁等(2006b)基于深圳市外来农村流动人口专项调查的整体网络数据,分析不同类型农民工群体的社会支持网络和社会讨论网络的特征。研究发现,农民工社会支持网络的二方关系、三方关系及整体网络特征指标均明显高于社会讨论网络。丁建岚等(2016)研究发现,中国专业运动员之间的社会支持关系比较少,针对收入、专业和婚恋的社会讨论关系则更少。在社会讨论网络中,个体的观念、意见可能会通过社会网络影响其他个体。Xiong 等(2012)在研究中提及,用户转发一个话题后,该用户对其邻居的影响总是存在的。

社会讨论网络包括婚姻讨论网络、生育讨论网络、避孕讨论网络和养老讨论网络等。任义科等(2008)研究发现,在社会讨论网络中,农民工在婚姻、生育和养老讨论方面形成的子群较多,而在避孕这种隐私问题的讨论上极少形成子群。通过社会支持网络和社会讨论网络的分析,发现农民工不太愿意讨论较为隐私的话题,相对而言,他们之间更可能发生支持行为。对婚姻网络的相关研究还发现,网络中成员的意见和看法会影响个体对婚姻的满意度与风险度。Wang 和 Zhou(2016)在研究中发现,社会交往网络的质量较低,婚姻幸福感也较低;靳小怡等(2008)指出,农民工的社会网络成员对未婚先孕和婚外恋的态度与观念可以通过社会网络传递给农民工并对其产生影响。可能对农民工婚恋观念产生影响的社会网络变量包括规模、弱关系、网络成员影响的综合效应。同样地,社会网络对个体之间生育、避孕、养老等观念的传播都有影响。Buyukkececi 和 Leopold(2020)在研究中发现,兄弟姐妹的生育、结婚、离婚都会对个体的生育、结婚、离婚产生一定影响。Pink(2017)指出,父母、兄弟姐妹和同事产生的社会互动效应对生育的结果影响很大。

通过对国内外文献的梳理发现,社会支持网络和社会讨论网络主要应用于对不同群体的主观感受(如满意度、孤独感)和观念(如生育、避孕、养老)的研究,涉及的研究对象比较广泛,但是已有研究多数从个体层面出发,缺乏整体网络视角的研究,也缺乏可视化和网络动态演化研究。

第五节 有关专业运动员社会支持的研究

目前,国际和国内关于专业运动员社会网络结构的研究成果较少,对专业运动员社会网络相关的社会支持的研究仅限于定性的研究,对社会支持的因素和影响方式及与社会支持网络有关的网络结构未见数理化的定量研究。

专业运动员的社会支持指的是在个人社会网络结构下的个人与其他个人之间的联系,以及如何通过这种联系得到其他个体及其团体的支持。如果要研究专业运动员的社会支持,就必须要了解专业运动员的社会支持的结构特征与内在规律(包括情感支持、实际支持和社会交往支持三方面)的特点、内容,以及社会关系与社会支持之间的关系,社会讨论网络对个人意识行为的影响,个人如何通过网络影响其他个体等。

Cohen 和 Syme(1985)提出,社会支持的内涵可以分为两个向度:①结构性的(structural)社会支持;②功能性的(functional)社会支持。专业运动员的社会支持也可以从这两个向度展开分析。

(1)结构性的社会支持。在竞技体育的情境中,结构性的社会支持是指社会联结的存在,这样的社会支持网络就是产生支持行为的潜在来源,并包含如下特征。

①社会整合(social integration)是指专业运动员的人际关系和社交活动的范围。

②网络规模(net size)是指支持专业运动员的家人和朋友以及运动领域中相关人员的数量。

③社会接触频率(frequency of social contact)是指专业运动员与其所属社会网络中成员接触的频率。一个人如果与其社会支持网络保持亲密的关系,能导致正向的结果,例如,增进自我概念,提升自我运动成就的价值感,增强个体的自控能力。

(2)功能性的社会支持。功能性的社会支持可以分为两种。

①知觉的支持(perceived support)是指专业运动员个体对可以得到支持的领悟与察觉,或专业运动员个体知觉或评价自己可以得到多少数量和质量上的支持。

②获得的支持(received support)是指专业运动员个体已经得到的社会支持,透过专业运动员的社会互动而得到实际功能(actual function)的支持,这些支持包括情感、同其他人的亲密感或物质上的协助。Wethington 和 Kessler(1986)以及 Dunkel-Schetter 和 Bennett(1990)都认为这样的区分是必要的,因为知觉的支持与获得的支持是不同且独立的概念。知觉的支持隐含着对未来的评断,评断别人是否愿意提供协助;而获得的支持针对既有与过去得到的支持作判断。

Caplan F 和 Caplan T(1974)将社会支持视为在一个团体中个人从正式或非正式关系中获得的在情绪、认知与物质上的支持。Shumaker 和 Brownell(1984)提出,社会支持是一个资源交换的过程,此资源可以是物质性、情绪性、工具性的支持。Thoits(1985)提出两种支持的类型:一种是具有社会心理功用的支持,类似情绪性的支持,如关怀、同情、安慰、尊重、信任、接纳;另一种是实质具体的支持,类似工具性的支持,包括忠告或信息的提供、家庭或工作责任的分担、财力或经济上的支持。Rosenfeld(1997)提出,社会支持包含三种主要的形式,即具体支持、信息支持、情绪支持,并进一步将此三大类细分为八种支持类型:倾听支持、情绪支持、情绪挑战支持、现实确认支持、工作赏识支持、工作挑战支持、实质协助支持、个人协助支持。这样的分类方式在国外对专业运动员的社会支持的种类研究中也使用过。但是最近的关于专业运动员的社会支持分类的研究中,Rees(2000)认为这样的分类太过于繁杂,在对专业运动员进行访谈分析之后,归纳出专业运动员的社会支持的四个类型。

(1)情绪支持(emotional support)是指给予安慰和安全感、关心、倾听和精神上的支持。

(2)自尊支持(esteem support)是指给予肯定、了解、价值观的支持。

(3)信息支持(informational support)是指提供建议、运动技能上的指导。

(4)具体支持(tangible support)是指提供具体的服务或物质、设定计划。

第六节 基于矩阵分布的统计机器学习技术

一、社会网络传统分析模型

在第一章中已经论述说明,在传统的社会统计学中,数据(变量)一般分为定类数据、定序数据、定距数据和定比数据等类型。仅从测量层次上说,网络数据与之类似。网络数据的层次则包括二分类网络数据、多分类定类网络数据、定序关系强度数据和定距网络数据。社会网络本质上具有稀疏特征和网络内个体互动的非线性及局部互相依赖性,但是传统的社会网络分析方法过于注重网络的统计特征,因此,传统社会网络分析在发现社会网络结构及动态行为演化等方面存在不足。

二、网络结构复杂性分析

第一章的相关概念强调了社会科学的数据主要分为属性数据、关系数据和观念数据三类。属性数据是关于节点的自然情况、态度、观点以及行为等方面的数据,其主要采用变量分析方法,如相关分析、回归分析、列联表分析,将各种属性看作特定变量(收入、就业、教育程度等)的取值。关系数据是关于联系、接触、联络或者聚会等方面的数据,其主要采用网络分析方法。观念数据可以描述意义、动机、定义等内容,分析这类数据的技巧性不如分析前两种数据的技巧性那么强。

社会网络分析着重于节点间的关系,而不是个体节点。

三、基于矩阵分布的贝叶斯网络分析模型

贝叶斯网络分析模型是运用贝叶斯统计进行的一种预测。其不仅利用模型信息和数据信息,而且充分利用先验信息,是一种以动态模型为研究对象的时间序列预测方法。统计推断的一般模式是:先验信息+总体分布信息+样本信息→后验分布信息。

矩阵分布是统计学中的一类重要分布。对于社会网络分析,通过引入矩阵分布来描述网络结构,从而能够描述节点间的内部关联性,并且引入非参数高斯过程来描述网络结构的非线性,明显提高了在社区发现和对未知网络连接的预测方面的准确率。

在第一章中对矩阵进行了相关介绍,总结发现采用非线性协方差函数来描述个体间的非线性互动关系,可以同时描述非对称网络不同类型个体之间的相似程度。利用行或列的方差矩阵保存网络节点的属性特征、网络背景知识以及通过分析获得的网络统计特征,都可以作为先验知识保存在行或列的方差矩阵中,从而最大化利用已有知识更有效地对社会网络进行建模,最终结合个体特征,利用已存在的贝叶斯网络分析模型对网络状态与特征进行分析。

第七节 本章小结

尽管目前关于专业运动员的社会网络结构的研究成果较少,但是有关复杂网络的研究成果和社会网络的分析理论给我们分析复杂网络视角下中国专业运动员社会网络的结构奠定了理论基础,提供了理论和方法。

从已有研究可以看出,社会网络包括个体与个体、个体与群体及群体与群体的关系网络。首先,研究借助复杂网络演化动力学理论,对个体与个体之间的关系网络的观念、行为进行分析;然后,考虑群体的特殊性,个体与群体之间的关系非常重要,研究个体与群体之间的关系网络将是探索社会网络的重要内容;最后,社会网络具有明显的小团体特征,现实社会中,这些小团体由于运动项目和种类不同,基本处于分立的状态,但也不可避免存在弱关系,这是一种明显的小世界特征。因此,从复杂网络视角探讨社会网络演化理论,这构成了基础理论研究的主要内容。

基于不同的层次和视角,建立一套专业运动员群体社会复杂网络结构模型。个体关系网络主要研究个体观念、行为如何与关系网络其他成员产生影响;个体与群体关系网络探讨个体对整个群体的关系和影响;群体关系网络则属于整体网

络分析范畴。目前着重研究群体中不同角色的关系结构，进而探讨不同性质、群体网络整体间的相互关系。因此，本书基于不同的层次和视角建立专业运动员群体社会复杂网络结构模型。

从目前的研究可以看出，静态改进模型主要包括传统统计模型、社会网络模型；静态改进的主要思路是对静态专业运动员群体网络的模型引入影响网络特性的变量，考察网络结构特征对模型的影响以及新网络的设计。动态创新模型主要集中在网络的复杂性特征。

目前复杂网络研究的相关成果比较多，也是一个国际研究热点，包括群体网络的复杂性特征，尤其是小世界网络及无标度网络；通过平均路径长度、平均聚类系数、度分布特征来判断群体社会网络是否具有典型复杂网络特征是近期研究的重点，我们可以对这些复杂网络特征的作用进行分析。基于网络结构特征的分析结果，讨论不同性质专业运动员社会网络间的结构关系是一个重要的研究内容。

网络是复杂性科学研究的主要内容。目前复杂网络已经成为进展最快的复杂系统研究领域之一。社会网络作为揭示复杂社会系统结构和功能的重要手段，但是数据收集和分析方法的相对复杂使得关于包括社会支持网络在内的整体网络特征研究还较少；另外，网络分析的最新成果，如小世界特性、社群结构分析、网络动态，应用于社会网络研究中较少。对社会网络的概念应用较多，定量分析较少。社会网络既是研究对象，也是研究方法。目前，许多研究主要沿着社会网络理论中质的研究路径展开，而沿着量的研究路径的尝试不多见。运用传统的社会网络分析方法较多，从复杂网络角度的研究较少。作为揭示复杂系统结构和功能的重要手段，社会网络也是复杂性科学研究的主要内容，复杂网络已经成为目前进展最快的复杂系统研究的领域之一。但是，数据收集和分析方法的相对复杂使得复杂网络分析方法，如小世界特性、社群结构分析、网络动态，应用于社会网络的研究比较少。这些都给本书提供了研究空间和产生新的研究发现的可能性。

传统的社会网络分析方法过于注重网络的统计特征。社会网络本质上具有稀疏特征（一个个体只同网络中极为少数的其他个体发生联系）和网络内个体互动的非线性及局部相互依赖性。因此，传统社会网络分析在发现社会网络结构及动态行为演化等方面存在不足。

社会网络分析的一项主要任务是发现网络中的社区机构或者统计上的结构等价性，描述相同社区内成员具有类似关系的网络数据结构模式。同类节点间的联系稠密，形成社区，不同社区节点间的关系稀疏，这是复杂网络的特征之一。但是，目前还没有一个明确的有关网络中社区的定义。统计机器学习假设观察到的网络结构是由潜在社区结构决定的，网络中每个节点按照一定先验概率隶属于某一个或多个特定的社区。统计机器学习的主要任务就是通过优化观察到的网络的似然或后验概率来推断这种隶属关系。这类算法本质属于贝叶斯方法，它们的主要优点在于凭借先验概率对网络结构中的不确定性进行有效的估计，并可以充分利用当前已有的背景知识或者统计出来的初步结果。相关研究表明，该方法是有效的社区发现模型，并且广泛运用到大量真实社会网络的预测中。尽管这些概率模型取得了一定成功，但是在刻画网络节点间的内部依赖性和关系的非线性方面仍有不足。矩阵分布是统计学中一类重要的分布，在物理学、经济学、心理学及其他领域的多元统计分析中发挥重要作用。近年来，矩阵分布在计算机科学领域也获得了较高重视，矩阵分布用于描述推荐系统的评级，并对缺失连接进行预测，在实际系统中取得了较好效果。在社会网络分析领域，矩阵分布用于描述网络结构，从而能够描述节点间的内部关联性，并且引入非参数高斯过程来描述网络结构的非线性，从而大大提高了在社区发现和对未知网络连接的预测方面的准确率。除了对静态网络的研究，贝叶斯方法也大量应用于动态网络中。贝叶斯方法运用到社会网络分析中是当前社会网络分析的一个新的研究方向，在国际学术界获得了广泛的关注。

第三章 调查问卷的设计与结构及数据采集过程

本书所需要的数据主要根据问卷调查而来。作者及团队在2012年进行了有关专业运动员社会网络相关研究的问卷调查。基于获得的数据,与专家、有关专业运动员和运动员训练管理者进行了三次规模较大的访谈。大家一致认为,2012年专业运动员社会网络问卷的结构合格、数据真实,可以在后续研究中继续使用。因此,2015年继续使用2012年的专业运动员社会网络问卷,并且在研究专业运动员社会网络结构时加上专业运动员的心理状态量表SCL90问卷,从而更好地分析专业运动员社会网络。因此,2015年的数据采集主要是对专业运动员进行SCL90问卷的调查数据的收集。

本书所采集的数据主要应用于专业运动员的个体中心网络结构和专业运动员的整体网络结构的研究,以及基于统计机器学习算法的专业运动员社会网络结构的研究。

第一节 问卷开发与设计过程

本书调查问卷的开发和设计经历了如图3-1所示的资料收集与整理、问卷框架设计、问卷初步设计、问卷修改与试调查、问卷终稿形成等一系列过程。

问卷的设计过程经历如下阶段。

(1)根据研究目标和研究计划,参考国内外相关研究中关于复杂网络、社会网络和专业运动员的理论及研究成果,对研究问题进行准确细化,拟定调查问卷内容框架。

①从确定本书的内容方向开始,先后在西安体育学院图书馆、西安交通大学图书馆、陕西省图书馆查阅国内外期刊关于复杂网络及社会网络的研究成果,并查阅心理学、体育管理学、体育社会学等与专业运动员有关的研究资料和文献成果,找出理论支撑。

②根据研究成果,经过分析,制定与本书有关的个人专家访谈和小组访谈提纲。

③访谈包括个人专家访谈两次和小组访谈三次。

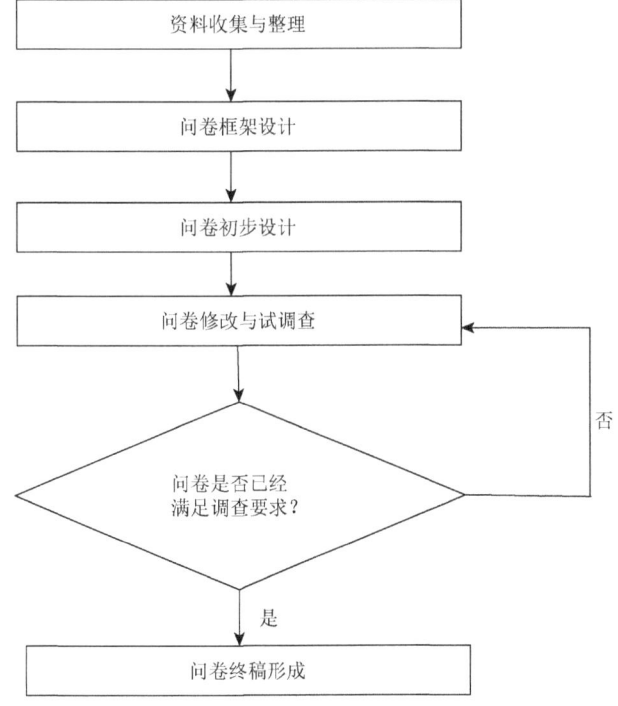

图 3-1 问卷开发与设计流程

第一次个人专家访谈总共选取八名专家，他们都是复杂网络、社会管理、体育管理和体育教育学中颇有建树的专家作者，分别为西安交通大学的主要研究社会网络的杜海峰教授、美国普渡大学的研究信息科学的徐增林博士生、西北工业大学的研究复杂网络的钟冬博士、西安体育学院的研究专业运动员管理的钟宇教授和李靖教授、西安交通大学的研究专业运动员保障的黄天林教授，以及陕西师范大学的研究体育社会学的史兵教授和黄聪副教授。第一次个人专家访谈时间为 2012 年 3～4 月。

第二次个人专家访谈总共选取十名专家，他们分别为西安体育学院的李靖教授、赵志伟教授、王鹏副教授、智勇副教授，西安交通大学的陈善平教授，延安大学的郑彬教授，上海体育学院的吴贻刚教授、徐本力教授，沈阳体育学院的刘健教授，陕西理工大学的邱毅教授。第二次个人专家访谈时间为 2015 年 2～3 月。

小组访谈总共分为三次，第一次小组访谈主要针对专业运动员社会支持和专业运动员管理，访谈群体是来自陕西省体育局、西安市体育局、宝鸡市体育局、咸阳市体育局、铜川市体育局学等单位的 30 名教练。第二次和第三次小组访谈针对专业运动员社会支持和专业运动员就业，访谈群体为来自陕西省体育局、西安市体育局、宝鸡市体育局、咸阳市体育局学等单位的 50 名专业运动员。小组访谈时间为 2012 年 3~4 月。

（2）针对调查设计的内容和个人专家访谈、小组访谈的结果，确定调查问卷内容框架。根据调查问卷内容框架，2012 年 5 月，在陕西省丈八训练基地选取 10 名专业运动员进行个人访谈，了解专业运动员的社会网络、就业、收入待遇、队内管理、婚恋等方面的实际情况和存在的问题，分析调查相关内容的合理性与完备性，对调查问卷内容框架进行调整和完善。

（3）在确定调查问卷内容框架的基础上，总结和借鉴农民工的社会支持网络、全国优秀运动员问卷调查等问卷，基于该数据的相关研究结果，结合专业运动员的实际训练、工作、生活状况细化了调查问卷中个人基本信息、伤病、收入待遇、队内管理、婚恋观及四个专业运动员的社会网络（社会支持网络、社会讨论网络、就业支持网络、成就支持网络），设计相应内容进行论证，提高问卷的效度。

（4）针对调查设计的内容和经过个人专家访谈和小组访谈的结果，确定了研究的框架内容。2012 年 7 月，依照框架内容，在陕西省丈八训练基地选取了 20 名专业运动员进行个人访谈，了解专业运动员的社会网络、就业、工资待遇、队内管理、婚恋等方面的实际情况和存在的问题，分析调查相关内容的合理性与完备性，对调查问卷内容框架进行调整和完善。

（5）2012 年 8 月初，由课题组负责人和课题组成员带领西安体育学院 8 名研究生到陕西省丈八训练基地对 206 名专业运动员进行第一次问卷调查，并征询被访者的建议。问卷试调查完成后，根据调查过程记录调查员的自我感受以及被访者的建议，对调查问卷进行调整。

（6）结合研究目标和问卷试调查的结果，确定整体网络调查内容，设计完成包括个体中心网络和整体网络内容的完整问卷。2012 年 9 月底，再次去陕西省丈八训练基地抽取 206 名专业运动员进行调查，在调查过程中观察被访者的反应，记录调查中出现的问题以及整个过程的时间分配。调查完成以后，根据调查员的总结和建议，对问卷再次进行修改完善。

（7）根据两次试调查的结果，对问卷作最后修订，确定专业运动员社会网络结构的最终问卷。2012 年 10 月底，课题组负责人带领 4 名课题组成员和 7 名研究生共 12 人，进入陕西省丈八训练基地，对 5 个运动训练中心（体操、游泳、重竞技、武术、足球）共抽取 144 名专业运动员进行正式问卷调查，获得最终的调查结果，采集研究所需的正式数据。

（8）根据 2012 年数据调查的结果，以及个人专家访谈的结论和建议，再次找到 2012 年参加问卷调查的 144 名被访者，于 2015 年 6 月底，课题组对 5 个运动训练中心（体操、游泳、重竞技、武术、足球）的原 144 名专业运动员进行 SCL90 问卷调查，获得最终的调查结果，又一次采集研究所需的正式数据。

第二节　调查问卷的内容与结构

一、调查问卷的内容

运动员调查问卷包括个人因素和社会因素（个人基本信息、伤病、收入待遇、队内管理、婚恋观等），运动员社会网络包括运动员个体中心网络（社会支持网络、社会讨论网络、就业支持网络、成就支持网络）和运动员整体网络（整体支持网络和整体讨论网络）。

（1）个人因素主要了解被访者的相关资料，以便对被访者进行分类和后续工作中所需必要信息的采集。这部分内容包括被访者性别、年龄、教育程度、运动项目、伤病、婚恋观等。这部分信息在调查分析时作为重要的参考。例如，考虑到专业运动员本身的职业特殊性，其所从事的运动项目类型是一项十分关键的自变量，对专业运动员社会网络的相关属性会产生一定影响，因此，有必要作为重要的被访者信息列出。在调查被访者的运动项目时，本书采取奥运会运动项目的分类方式。

（2）社会因素主要包括队员对运动队的组织与管理工作的认识。对专业运动员的收入待遇进行调查，并调查专业运动员对此的态度。专业运动员个体中心网络主要由四种子网络构成：社会支持网络、社会讨论网络（收入待遇讨论网络、队内管理讨论网络、婚恋讨论网络）、就业支持网络、成就支持网络等。

1. 运动员个体中心网络

本次调查采集数据中主要包括以下四个个体中心网络。

（1）社会支持网络。社会支持网络部分共有三道题，依据范德普尔的标准样式，从专业运动员的一般需求入手，分别考察专业运动员的情感支持网络、实际支持网络、社会交往支持网络三个子网络。每个子网络用一道题叙述，主要用于获取个体的帮助人或交往者的数量。

以获取专业运动员情感支持网络规模为例。

样题 1：

人们有时会因为某些问题而心情压抑，如跟身边的人吵架或者在训练、生活中不如意等，您通常会找什么人倾诉？

1. 家人　2. 亲属　3. 同学或朋友　4. 队友　5. 队内管理人员（含教练、指导员等）6. 其他

（2）社会讨论网络。社会讨论网络主要分为三类：收入待遇讨论网络、队内

管理讨论网络和婚恋讨论网络。通过这些讨论，逐步了解专业运动员的价值观、婚恋观等。

样题2：

针对这些有关专业运动员收入与待遇等方面的话题，您愿意与谁讨论？

1. 家人 2. 亲属 3. 同学或朋友 4. 队友 5. 队内管理人员（含教练、指导员等）6. 其他

（3）就业支持网络。就业支持网络部分共有六道题，该网络是本次调查的重点内容，采用定位法和定名法相结合的方式。首先了解对专业运动员再就业可能提供帮助的人际关系网络规模结构，题目为："如果退役后再就业，哪些人可能会给您提供帮助？"，进而更深一步地了解其中最有可能提供帮助的人的具体信息，包括姓名、性别、职业、职务、教育程度、与被访者的关系，并让被访者对这些人帮助的可能性进行排序。为了更清楚地了解提供就业支持的人员社会地位和拥有的社会资本，进一步运用定位法调查这些支持者的社会阶层。在本次调查进行时被访者没有真正就业，在可能就业和意愿就业之间存在差距，因此该部分对这两者进行了更为细致的调查，例如，"依靠这些人的帮助，您将来最可能从事的职业是什么？"和"您将来最希望从事的职业是什么？"。

样题3：

如果退役后再就业，哪些人可能会给您提供帮助？

1. 家人 2. 亲属 3. 同学或朋友 4. 队友 5. 队内管理人员（含教练、指导员等） 6. 其他

样题4：

在上述人员中，请填写1~5位最可能提供帮助的人员的相关信息。

帮助人	1	2	3	4	5
性别（1.男 2.女）					
※职业					
职务（自填）					
※教育程度					
※与您的关系					
您认为他/她提供帮助的可能性有多大？					
他/她帮助您的方式是					

样题5：

如果退役后再就业，您的亲属、朋友和熟人中哪些人可能会给您提供帮助？请在他们所从事的职业对应处填写人数。

职业名称	亲属①	朋友②	队友或教练③	其他④	职业名称	亲属①	朋友②	队友或教练③	其他④
01 厨师、炊事员					13 科学研究人员				
02 餐饮服务员					14 法律工作人员				
03 保姆、计时工					15 经济业务人员				
04 产业工人					16 行政办事人员				
05 中小学教师					17 工程技术人员				
06 大学教师					18 企事业单位负责人				
07 医生					19 政府机关干部				
08 护士					20 政府工作人员				
09 司机					21 社区工作人员				
10 民警					22 人大代表				
11 营销人员					23 工会代表				
12 体育工作人员					24 其他				

（4）成就支持网络。成就支持网络部分共有四道题。运动成绩是评判专业运动员运动水平非常重要的标准，该网络从专业运动员曾取得过的最好成绩角度入手，了解在成绩取得的背后存在的某种结构的社会支持网络，并在此基础上进一步了解专业运动员获取帮助的方式。

样题6：

在您参加的各类比赛中，您获得的最好成绩或名次是什么？请在对应处打钩。

类型	没取得名次	冠军	亚军	季军	其他名次
1. 省级或地级市赛事					
2. 全运会等全国赛事					
3. 亚运会、奥运会等国际赛事					

样题7：

您获得最好运动成绩或名次的时间是哪一年？_____年

样题8：

在取得该成绩或名次时，哪些人对您提供了较大帮助？

1. 家人 2. 亲属 3. 同学或朋友 4. 队友 5. 队内管理人员（含教练、指导员等）6. 其他

样题9：

在上述人员中，请填写1~5位最可能提供帮助的人员的相关信息。

帮助人	1	2	3	4	5
性别（1.男 2.女）					
※职业					
职务（自填）					
※教育程度					
※与您的关系					
他/她提供帮助的方式（可多选）					

注：提供帮助的方式如下：1. 经济支持 2. 情感鼓励或安慰 3. 运动训练技能的提高 4. 人格熏陶或感染 5. 其他，请在表格中注明

2. 运动员整体网络

整体网络由一组特定的个体及其相互关系组成。在本次调查中，整体网络由训练基地的所有被访者构成，包括两个大方面：一个是整体支持网络；另一个是整体讨论网络。

本次调查将网络中所有成员进行编码，形成整体网络边界，网络中的每个个体在网络边界内确定与自身有交往关系的网络成员，并要求被访者回答网络成员是否给予其实际支持、情感支持和社会交往支持。问卷具体如下。

请按照运动队人员名单所示，填写人名对应的代码。在本表中，您的代码是_____

1. 您经常会向他/她求助日常小事的人有_____
2. 您会向他/她倾诉心情问题的人有_____
3. 您会与他/她有社会交往活动的人有_____
4. 您就业时，表中哪些人可能会提供帮助？_____
5. 您取得良好的成绩或名次时，表中哪些人给您提供过帮助？_____
6. 针对有关专业运动员收入与待遇等方面的话题，您愿意与谁讨论？_____
7. 有关运动队内的管理等问题，您愿意与谁讨论？_____
8. 有关婚姻恋爱等方面的话题，您愿意与谁讨论？_____

3. SCL90 问卷

症状自评量表（self-reporting inventory），又名 90 项症状清单（symptom checklist 90，SCL90），基于 Hopkin 症状清单（HSCL，编制于 1954 年），于 1975 年编制，其作者是德若伽提斯（L.R.Derogatis）。该量表共有 90 个项目，包含较广泛的精神病症状学内容，从感觉、情感、思维、意识、行为直至生活习惯、人际关系、饮食睡眠等均有涉及，并采用 10 个因子分别反映 10 个方面的心理症状情况。

SCL90 问卷的适用对象包括初中生至成年人，目的是从感觉、情感、思维、

意识、行为到生活习惯、人际关系、饮食睡眠等多种角度评定一个人是否有某种心理症状及其严重程度。它对有心理症状（有可能处于心理障碍或心理障碍边缘）的人有良好的区分能力，适用于测查某人群中哪些人可能有心理障碍、某人可能有何种心理障碍及其严重程度，不适用于躁狂症和精神分裂症患者。SCL90 问卷不仅可以自我测查，也可以对他人（如其行为异常、有患精神或心理疾病的可能）进行核查，若得分较高，则应进一步筛查。

二、调查问卷的结构

调查问卷将个人因素和社会因素作为自变量，首先探讨这些对专业运动员的社会网络产生的影响，在此基础上，重点将因变量设为专业运动员的就业支持网络和成就支持网络，探讨专业运动员的社会支持网络对这两个网络的影响，以及专业运动员的成就支持网络对就业支持网络的影响。由此，调查问卷的结构如图 3-2 所示。

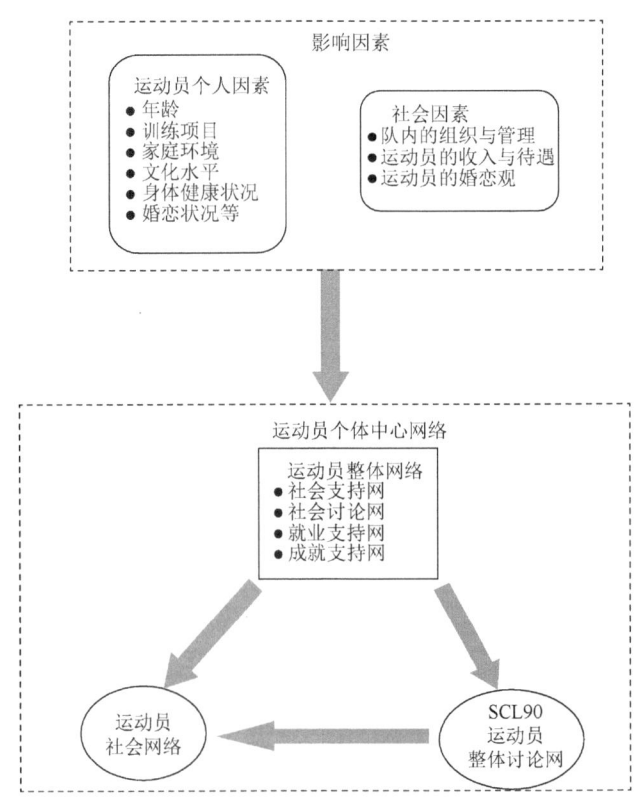

图 3-2　调查问卷结构图

第三节　数据采集方法和质量评价

一、调查对象及抽样方法和原则

丈八训练基地是省级专业队的训练基础，它不仅是陕西省而且是全国规模比较大、专业运动员和运动项目比较集中的训练基地。虽然有近1000名专业运动员在这里进行训练，但是由于其运动项目不同、年龄不同、训练年限不同，专业运动员一般按运动项目在不同的地点居住，在进行专业运动员的社会网络结构研究和数据采集时，这些都是要考虑的因素。因此，本次调查的原则是选取在丈八训练基地训练三年以上且年龄在十六岁以上的专业运动员。考虑按满足训练年限和年龄的各运动训练中心的人数，以各运动项目按大的人数比例进行抽样，遵循随机抽样原则。2012年8月初进行的206名专业运动员的第一次试调查和2012年10月底进行的144名专业运动员的正式调查都是基于这个抽样原则和方法进行的。

二、调查实施

1. 调查时间、参与人员

在2012年8月初进行的206名专业运动员的第一次试调查和2012年10月底进行的144名专业运动员的正式调查中，每个运动训练中心都由课题组负责人带领4名课题组成员及7名研究生共12人共同完成调查任务。

根据2012年数据调查的结果，以及个人专家访谈的结论和建议，找到2012年参加问卷调查的144名被访者，对其在2015年6月再次进行正式调查，每个运动训练中心都由课题组负责人带领4名课题组成员及7名研究生共12人共同完成调查任务，获得最终的调查结果，又一次采集研究所需的正式数据。

本次调查的指导员由课题组成员担任，他们都是课题的参与人，熟悉问卷，由他们对实际调查的问卷进行控制；协调员是各运动训练中心相关部门的负责人，他们对各自运动训练中心专业运动员的情况非常熟悉，并且有丰富的专业运动员管理工作经验，对于调查工作的顺利开展起了很大的作用；调查员由西安体育学院研究生担任。

2. 调查培训

在正式调查之前，对所有参加调查的相关人员进行问卷调查培训。培训的重点在于讲解调查的目标、问卷结构、问卷中问题的具体含义以及现场调查的基本技能。在分散到各运动训练中心后,由各调查点的指导员再组织二次培训,由各调查员分别进行模拟调查,由指导员担任模拟被访者,对模拟问卷调查及实地调查可能出现的每个问题进行讲解和总结。在培训结束之后,由协调员组织,指导员带领调查员就近选择一名被访者进行实地试调查,了解实际调查中可能出现的意外情况。最后,各小组汇报试调查中的问题,并由指导员进行总结和处理。

3. 实施调查

在正式调查中,每个指导员负责指导和管理2~4名调查员。正式调查之始,指导员对每名调查员的第一次问卷访问进行跟访,以便提高调查员对问题的准确理解和现场调查的技能。调查员每天将完成的问卷上交指导员,指导员进行审卷,并将有数据信息不全或者存在逻辑错误等问题的问卷于次日返给调查员,请调查员进行复访,修正问卷中存在的问题。对所有被指导员审查过的问卷进行最终审查,有严重问题或被访者拒访的问卷被视为无效问卷。在经过上述的调查控制后,正式的调查问卷全部为有效问卷。

三、数据质量评价

为了保证调查任务的顺利执行和所得数据信息的可靠性,依据图3-3所示流程,指导员在每个环节采取相应的质保措施。确保现场调查和数据录入的质量。

(1) 现场质量控制。在正式调查中,使用各种方法来保证调查质量,指导员在每天的调查工作开始之前将所有调查员集中开会,发放调查问卷和每个被访者的劳务费,并且点评前面进行的问卷调查中存在的问题,将不合格的问卷发还给调查员进行再次访问。在正式调查的前两天,指导员需要分别跟访每名调查员,以便提高调查员对问题的准确理解和现场调查的技能,并及时发现现场调查中出现的问题,从而进行更正,避免调查过程出现操作性失误,影响数据的准确性。

(2) 数据录入和清洗。数据录入工作在调查结束之后开展,由指导员将问卷信息录入Foxpro数据库。在数据录入完毕后,每名指导员随机选取4%的样本来检验数据录入的准确性和质量。自检结果表明,数据录入的错误少,错误比例低于1.8%,在可接受的范围内。

在数据录入工作结束之后,通过编制计算机程序来检验每个成员的基本情况和网络成员等文件中相关信息之间的逻辑一致性。对于存在逻辑不一致的问卷,指导员再次进行审查,并对有输入错误的问卷进行更正。

(3) 网络数据的信度和效度。可靠性(信度)和有效性(效度)是评价测验质量的两个重要指标。本书中社会支持网络测度基于范德普尔标准问题,可以较好地保证社会支持网络问卷准确测量专业运动员的社会支持特性,即社会网络数据一般有较好的效度。虽然利用复访的方法检验了数据的信度,但是交访整体网络非常困难(相当于重新构建网络邻接矩阵)。因此,无法利用复访来测度网络数据的信度。

考虑到社会讨论网络涉及的问题较社会支持网络更加隐私,如果网络成员间不存在社会支持关系,就不会进行社会讨论。将网络成员 i 和 j 之间的社会支持关系 a_{ij}^s 与相应的社会讨论关系 a_{ij}^d 定义为

$$r = \frac{\sum_i \sum_j d_{ij}^s}{\sum_i \sum_j d_{ij}^d} \tag{3-1}$$

其中,$d_{ij} = \begin{pmatrix} 0 & a_{ij}^s \geq a_{ij}^d \\ -1 & a_{ij}^s < a_{ij}^d \end{pmatrix}$。显然,$r$ 越接近 -1,表明网络数据的信度越小;当 $r = 0$ 时,$\{a_{ij}^d\} \subset \{a_{ij}^s\}$,即社会讨论关系完全包含在社会支持关系中。为了简化计算,对调查获得的整体网络进行对称化处理,计算的 r 均接近 0,表明所获得的整体网络数据信度较好。

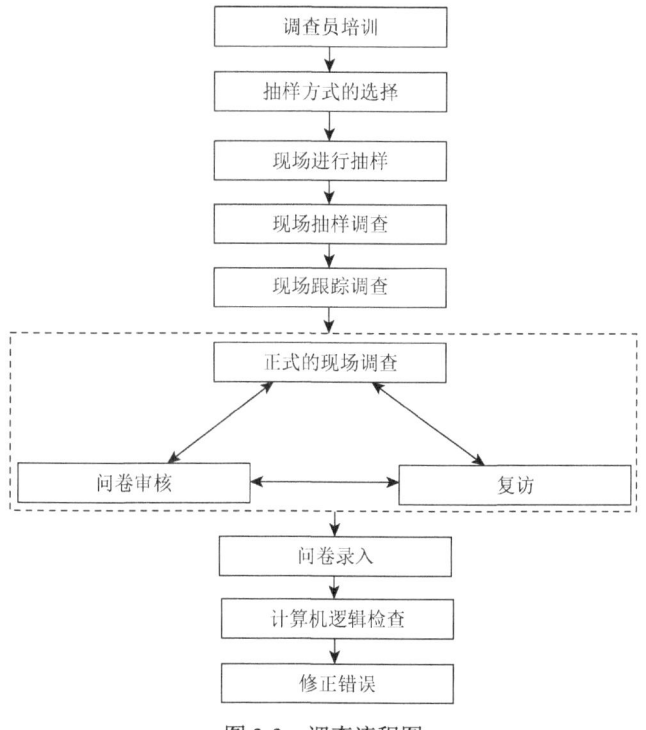

图 3-3 调查流程图

第四章　专业运动员个体中心网络结构分析

本节主要对专业运动员个体中心网络的结构情况进行分析，描述专业运动员个体中心网络的规模、关系构成、关系强度、结构特征等，构建中国专业运动员的个体中心网络。

第一节　专业运动员个体中心网络的基本概念

个体中心网络研究涉及多个领域，在描述网络结构时有一些共有的概念，如网络规模、关系构成、关系强度、网络趋同性、网络异质性、网络密度、社会阶层等。由于本次调查所采用的方法不同，个体中心网络测量指标不同。在社会支持网络和社会讨论网络中主要运用如下测量指标。

（1）网络规模。网络规模主要用来测度网络的总人数，人数越多，表明个人拥有的社会资本越丰富。

（2）关系构成。关系构成主要是指各种关系（本书运用 6 种关系：家人、亲属、同学或朋友、队友、队内管理人员及其他）在网络中所占的比例。

（3）关系强度。关系强度可分为强关系和弱关系两类。测量关系强度的方法有互动法和角色法，本书结合中国专业运动员的实际情况，采用角色法测量关系强度。以往在角色法的测量中经常将家人和亲属定义为强关系，将其他关系定义为弱关系。通过对专业运动员的访谈，结合他们的职业特性和集中封闭的训练方式，本书定义家人和队友为强关系，其他则为弱关系。

在就业支持网络中，本书运用定位法，测量提供帮助的职业阶层及它们拥有的社会资源，由此增加如下测量指标。

（1）网顶。网顶是指职业阶层的最高声望。网顶高，意味着网络内拥有权力大、地位高、财富多、声名显赫关系的人多。

（2）网差。网差是指职业阶层的个数，说明网络成员从事不同的职业，处于不同的职位，资源和影响是互补的。

第二节 个人因素状况调查结果

1. 基本信息统计

对专业运动员的基本情况的统计结果详见表4-1。由表4-1可以看出，在调查的144名专业运动员中，男性专业运动员比例高一些，占68.8%；专业运动员年龄相对较小，最大30岁，最小12岁，平均年龄为18.8岁；在户籍上，本书将专业运动员分为陕西省以外专业运动员、西安市专业运动员和陕西省其他市专业运动员，其中，陕西省以外专业运动员比例最高，占48.6%；在运动项目上，本书选择5个运动训练中心，尽量将从事不同运动项目的专业运动员容纳进来，使调查数据更为客观合理；在教育程度上，大部分人受过高中及以上的教育，近1/3的人受过大专或本科教育，这说明专业运动员的文化程度相对较高。同时，本书调查了当初选择成为专业运动员的原因，大部分专业运动员的理由是"个人兴趣爱好"和"家人、朋友、教练的建议"这两类。

表4-1 专业运动员基本信息统计

项目	类别	人数	比例/%
性别	男	99	68.8
	女	45	31.2
户籍	陕西省以外	70	48.6
	西安市	40	27.8
	陕西省其他市	34	23.6
运动项目	足球	23	16.0
	体操	16	11.1
	重竞技	34	23.6
	游泳	22	15.3
	散打	49	34.0
教育程度	不识字或很少识字	0	0
	小学	1	0.7
	初中	27	18.7
	高中（含中专、技校）	68	47.2
	大专	4	2.8
	本科及以上	44	30.6

续表

项目	类别	人数	比例/%
成为专业运动员的原因	文化课学习困难	10	6.9
	家人、朋友、教练的建议	44	30.6
	个人兴趣爱好	56	38.9
	运动员赚钱多	5	3.5
	锻炼身体	11	7.6
	没怎么用心想	15	10.4
	其他	3	2.1
平均年龄	18.8 岁		

2. 伤病情况

专业运动员的职业生涯总是伴随着伤病。针对这一问题，本次调查结果显示，87.5%的专业运动员有过伤病的困扰。将受伤严重程度分为 3 个等级：1 代表非常严重，2 代表一般严重，3 代表轻微。结果显示，专业运动员的受伤严重程度平均值为 1.82，说明受伤较为严重。进一步调查专业运动员的受伤康复情况，大部分表明康复情况良好。

3. 收入与待遇情况

本次调查的专业运动员均为有收入人群。对他们的收入与待遇进行调查，可以更清楚地了解他们目前的经济状况，从而进一步了解他们的行为和价值取向。本次调查发现，陕西省专业运动员的收入不高，平均月收入为 1500~2000 元。进一步调查专业运动员对自身收入与待遇方面的态度，共分为 5 个等级，1 为非常差，5 为非常好，统计结果如表 4-2 所示。可以看出，专业运动员对就业安置最不满意，对医疗水平和伙食水平较满意。

表 4-2 专业运动员对自身收入与待遇的满意度

收入与待遇	平均值
工资水平	2.80
奖励水平	3.22
伙食水平	3.63
医疗水平	3.76
伤害保险	2.94
就业安置	2.07

4. 管理情况

对专业运动员对运动训练中心的管理态度进行调查，共分为 5 个等级，1 为最不满意，5 为最满意，统计结果如表 4-3 所示。可以看出，专业运动员仍旧对退役安置问题最不满意，同时认为文化教育投入比例较小，选拔与奖惩方面也存在很多问题。通过这些方面的调查，同时可看出我国在专业运动员管理上存在漏洞，这也是亟待解决的问题。

表 4-3 专业运动员对运动训练中心管理的满意度

管理项目	平均值
训练安排	3.22
训练目标	3.60
选拔与奖惩	2.91
突发事件处理	3.22
教练决策	3.51
思想教育重视程度	3.19
文化教育投入比例	2.35
生活管理	3.45
退役安置	1.78

5. 婚恋观

本次调查的对象年龄最大值为 30 岁，最小值为 12 岁，平均值为 18.8 岁，处在恋爱和婚姻的关口。虽然有些管理部门禁止专业运动员谈恋爱，但是这些运动员大部分为青少年，正是确立正确恋爱观、婚姻观的阶段。真正了解他们内心的想法，正确看待他们对于恋爱、婚姻的态度，才能给予他们更加人性化的关怀与管理，引导他们建立正确的恋爱观和婚姻观，对于人格的塑造和成绩的提高都有一定的积极意义。首先，调查"您觉得专业运动员是否可以谈恋爱？"，回答"是"的占到 87.5%，也就是说，他们认为专业运动员可以谈恋爱，有恋爱的权利和自由。然后，调查"您觉得队中专业运动员之间是否可以谈恋爱？"，回答"是"的比例稍微降低，占到 66%，但是仍旧很大。很多管理部门禁止专业运动员谈恋爱的原因是怕影响他们的训练成绩。针对这一问题，进一步调查"您觉得谈恋爱对日常训练比赛或成绩的取得有何影响？"，其中，1 为正面促进作用，2 为无影响，3 为负面消极作用。统计结果显示，这一题的平均值是 1.78。这表明专业运动员认为谈恋爱更倾向于正面促进作用。至于他们的态度是否真的符合事实，后面有准确的研究。但至少从他们自身的感受出发,恋爱对于成绩的取得具有正面影响。这从目前奥运冠军情侣可见一斑。因此,禁止专业运动员恋爱的规定显得有些不合时宜。

第三节 专业运动员社会讨论网络分析

就专业运动员的收入待遇、管理和婚恋情况,本书建立三个讨论网络,即收入待遇讨论网络、管理讨论网络、婚恋讨论网络,重点关注网络规模、关系构成和关系强度这三个指标。统计结果见表4-4。

表4-4 社会讨论网络调查结果

社会讨论网络	网络规模	关系构成/%						关系强度/%	
		家人	亲属	同学或朋友	队友	队内管理人员	其他	强关系	弱关系
收入待遇讨论	7.48	33.96	6.42	11.35	41.86	5.07	1.34	75.82	24.18
管理讨论	6.57	20.73	3.50	15.06	54.87	4.81	1.03	75.60	24.40
婚恋讨论	5.33	34.75	5.02	22.60	32.36	3.69	1.58	67.11	32.89

在网络规模上,收入待遇讨论网络最大,为7.48,婚恋讨论网络规模最小,为5.33。这说明在关乎生计与自身利益问题上,专业运动员愿意与更多的人交流讨论;在婚恋等个人隐私问题上,专业运动员与他人交流讨论得相对较少。这与运动训练中心的制度有关,再加上被访者年龄相对较小,谈论婚恋问题会比较羞涩,这种个人隐私问题也只有面对知心朋友才会提及。

在关系构成上,从三个讨论网络来看,与队友讨论的比例最高,其次为与家人讨论,而与队内管理人员(含教练、指导员)讨论的比例很低。这可能与讨论的问题本身和他们的日常训练生活有关系,所以与队友讨论的比例较高,当然,家人在这些年龄相对较小的专业运动员身上还是起着至关重要的作用。在收入待遇和管理的讨论上,与队友讨论的比例一直高于与家人讨论,但是在婚恋的讨论上,与家人讨论的比例稍高于与队友讨论,同时与同学或朋友讨论的比例有明显的提高,而与队内管理人员讨论的比例最低。这与运动训练中心的制度有关,专业运动员更倾向于和运动训练中心之外的人员讨论这个问题。

在关系强度上,通过表4-4可以看出,专业运动员表现出强烈的强关系倾向,与之前预测的专业运动员身上的小团体现象一致。这可能与他们日常的封闭式训练有关,除了队友,最常接触的就是家人了,与社会其他人群接触较少,社会交往圈子狭窄。

第四节 专业运动员社会支持网络分析

参考范德普尔的社会支持问卷,专业运动员社会支持网络分为三类:实际支持网络、情感支持网络和社会交往支持网络。这里调查的指标和社会讨论网络相同,结果详见表4-5。

表4-5 社会支持网络调查结果

社会支持网络	网络规模	关系构成/%						关系强度/%	
		家人	亲属	同学或朋友	队友	队内管理人员	其他	强关系	弱关系
实际支持	4.12	25.99	3.29	24.19	40.06	1.63	4.84	66.05	33.95
情感支持	5.13	12.47	2.48	22.84	59.49	1.42	1.30	71.96	28.04
社交交往支持	7.67	4.65	3.63	32.30	55.40	0.97	3.05	60.05	39.95

整体来看,专业运动员社会支持的网络规模比社会讨论的网络规模要小,具体来讲,社会交往支持网络规模最大,实际支持网络规模最小。这说明专业运动员在日常生活与训练过程中实际的支持没有那么重要,这可能与他们现实的生活状况密切相关:由于运动训练中心封闭管理,给他们提供吃饭住宿,专业运动员在这方面的诉求较低。专业运动员表现出高的社会交往支持,说明专业运动员还是比较看重社会交往的,他们也在积极扩展自己的生活圈子。

相较于社会讨论网络,社会支持网络关系构成的比例发生了较为有趣的变化。虽然从整体上来看,队友提供支持和家人提供支持的比例仍旧较高,但是家人提供支持的比例相较于社会讨论网络明显下降,同学或朋友提供支持甚至超过家人提供支持,在社会交往支持网络上尤为明显。当然,仍旧不可忽视队友的强大的社会支持力量,这是其他任何社会角色都不能比拟的。

在关系强度上,专业运动员的社会支持仍旧表现出强关系倾向,但是相较于社会讨论网络,弱关系的地位在慢慢提升,尤其在社会交往支持网络上,弱关系的比例达到近40%。这主要是由于同学或朋友起到了较大的作用。队内管理人员在这方面比例最低,这与管理人员的权威性有关,专业运动员不太敢与教练、指导员等来往密切,只能将社会支持的诉求指向年龄相仿的队友或同学朋友身上。

第五节 专业运动员就业支持网络分析

对于专业运动员就业支持网络,因为专业运动员还没有退役,所以这里的就业只能是就业意愿,是一种假设的情况。这可能与专业运动员实际就业支持相比有一定的差异,后续会专门寻找退役运动员作为被访者,进行深入的研究。

针对专业运动员就业,首先提出若干问题,例如,"假如您退役再就业时,教练、指导员等是否可以提供帮助?可能性为多大(最小为1,最大为5)?"。针对这一问题,调查结果如表4-6所示。

表4-6 队内管理人员和队友在就业时提供支持的比例和可能

就业支持	是/%	否/%	可能性平均值
教练能否提供帮助	67.4	32.6	2.73
指导员能否提供帮助	45.1	54.9	2.23
队友能否提供帮助	77.1	22.9	2.99

由表4-6可以看出,在专业运动员就业时,他们自己认为队友提供帮助的可能性最大,其次是教练,指导员提供支持的可能性较小。这可能与专业运动员长期与队友朝夕相处有关,一些退役的年长的队友在年轻运动员找工作时更有可能提供实际的帮助与支持。

进一步调查"您最可能从事的职业是什么?"和"您最希望从事的职业是什么?"。本书根据《中华人民共和国职业分类大典》,结合专业运动员未来职业的发展方向,将职业划分为17种,具体结果详见表4-7。由此表可以看出,专业运动员认为自己未来最可能从事的职业中,教练的可能性最大,个体户和自由职业的可能性也较大。在最希望从事的职业中,个体户成为专业运动员最向往的职业,其次为自由职业者,教练则排至第3名,企事业单位人员排至第4名。这说明专业运动员未来的职业向着自由化发展,不受某种职业的困扰,按照个人意愿实行自主创业、自由发展,这其实体现了国家对专业运动员退役安置制度的薄弱,专业运动员未来职业无法得到保障,只能自谋出路,未来职业发展带有一定的盲目性和未知性。

表4-7 专业运动员最可能从事的职业和最希望从事的职业比例

职业	最可能从事的职业是/%	最希望从事的职业是/%
1 运动员	2.8	3.5
2 教练	31.3	13.9

续表

职业	最可能从事的职业是/%	最希望从事的职业是/%
3 专业技术人员	2.1	5.6
4 办事人员	3.5	1.4
5 个体户	19.4	20.1
6 商业、服务业劳动者	2.8	3.5
7 产业工人	0	0
8 自由职业	10.4	16.0
9 队医	0	0
10 队内管理人员	0.7	1.4
11 企事业单位人员	6.3	12.5
13 农民	2.1	1.4
14 学者	0	2.8
15 艺人	0	1.4
16 无业	0	2.1
17 其他	13.9	11.1
18.空白	4.7	3.3

针对职业选择问题，深入调查选择该职业的原因。

您希望从事该职业的主要原因有哪些？□□□□（多选题，请按重要程度排列）

1. 预期收入水平高   2. 工作轻松体面   3. 自己的兴趣爱好   4. 家人、朋友等的建议   5. 有挑战性，能实现自身价值   6. 别人介绍的，自己没想法   7. 自身条件限制，只能选择这个   8. 其他原因，请简单填写：_____。

得到的调查结果如表 4-8 所示。选项 1 中，自己的兴趣爱好比例最高，其次是预期收入水平高，工作轻松体面和有挑战性能实现自身价值也占到了一定的比例。也就是说，专业运动员在选择未来职业时，多数从自身兴趣爱好出发。选项 2 中，自己的兴趣爱好和家人朋友等的建议并列第一。选项 3 中，有挑战性能实现自身价值的比例较高。选项 4 中一部分人没有填写，在填写的部分里，有挑战性能实现自身价值的比例最高。综上所述，专业运动员在选择未来职业发展时，自己的兴趣爱好、预期收入水平高和有挑战性能实现自身价值是他们最看重的三个原因。

表 4-8 专业运动员选择未来职业的原因

原因	占比/%			
	选项 1	选项 2	选项 3	选项 4
预期收入水平高	27.1	9.0	6.9	11.1
工作轻松体面	11.1	13.9	11.1	9.0
自己的兴趣爱好	33.3	24.3	6.9	4.2
家人、朋友等的建议	3.5	24.3	14.6	8.3
有挑战性,能实现自身价值	11.1	13.9	20.8	11.8
别人介绍的,自己没想法	0.7	2.8	4.2	2.8
自身条件限制,只能选择这个	6.9	4.2	5.6	9.7
其他	2.1	0	0.7	14.0
缺失	4.2	17.4	29.2	41.7

对于专业运动员就业支持网络,根据边燕杰(2004)的"城市居民社会资本的来源及作用:网络观点与调查发现"中提及的拜年网络所使用的定位法,参考李春玲(2005)的"当代中国社会的声望分层——职业声望与社会经济地位指数测量",再结合专业运动员结交人群的实际情况,本书将专业运动员未来就业时可能求助的人群的职业阶层划分为 24 个,各种职业声望分数同样参考边燕杰和李春玲的调查结果。同时,参考边燕杰对于城市居民社会资本的研究,在专业运动员就业支持网络中重点探讨四个测量指标:网络规模、网络顶端、网络差异和网络构成。最终得到网络规模、网络顶端、网络差异的结果如表 4-9 所示。

表 4-9 专业运动员就业支持网络

职业名称	声望分数	职业名称	声望分数	职业名称	声望分数	职业名称	声望分数
科学研究人员	95	政府机关干部	80	体育工作人员	68	厨师、炊事员	24
大学教师	91	中小学教师	77	行政办事人员	53	产业工人	20
工程技术人员	86	政府工作人员	73	民警	52	营销人员	15
法律工作人员	86	企事业单位负责人	71	护士	48	餐饮服务员	11
医生	86	经济业务人员	64	司机	25	保姆、计时工	6
社区工作人员	55	人大代表	90	工会代表	60	其他	30
社会网络变量	平均值		标准差	最大值	最小值	样本数	
网络规模(支持人数)	6.69		10.36	96	0	144	
网络顶端(职业声望)	61.94		22.28	95	15	144	
网络差异(职业个数)	4.13		3.40	24	1	144	

从表4-9可以看出，专业运动员在就业时可能会寻求帮助的人数（网络规模）仅为6.69，这些人的职业声望平均值也不高，为61.94，同时帮助的人群职业差异并不大，网络差异仅为4.13。所有这些数据都显示，专业运动员在就业时可能寻求帮助的人的圈子并不大，寻求的人群拥有的社会资源并不丰富，人际关系网络比较狭窄。这就要求政府在他们就业安置时给予充分的政策倾斜，以帮助他们顺利地从专业运动员转变到一个社会人。

进一步分析专业运动员就业时寻求帮助的人群的角色构成，得到如表4-10所示的网络构成统计结果。由表4-10可以看出，专业运动员在就业时第一个寻求帮助的人群就是他们的亲属，占到60%以上，朋友、队友、其他关系等也能提供适当的帮助，但是比起亲属，作用还是稍显薄弱。因此，专业运动员就业支持网络构成人群是以亲属为主力军的。当然，本书忽略了组织（如政府、训练基地）这一项，后续的研究可把这一项加进来，继续研究组织对专业运动员就业时所起的作用。

表4-10 专业运动员就业支持网络构成

角色构成	人数	比例/%
亲属	89	61.81
朋友	26	18.06
队友	23	15.97
其他	6	4.16

第六节 专业运动员成就支持网络分析

专业运动员在成长过程中，其运动成绩与成就是一个不容忽视的问题，那么在其取得辉煌成绩的背后得到了哪些人的默默支持。本节针对这个问题展开调查，得到如表4-11所示的调查结果。调查显示，网络规模为7.61，说明专业运动员得到的支持人数并不少。在角色构成中，队内管理人员（含教练、指导员）的比例最高，其次是队友、家人，亲属、同学或朋友起到的作用相对较少。这充分说明专业运动员在取得成绩的过程中，队内管理人员和队友起到至关重要的作用，两者的比例加起来占到65%左右。因此，在关系强度上，虽然强关系占据优势，但是弱关系相较其他网络已有较大幅度的提高，队内管理人员起到主要的作用。因此，运动成绩的取得与同行（包括队内管理人员、队友）密切相关。

表 4-11 专业运动员成就支持网络

成就支持网络	网络规模	角色构成/%						关系强度/%	
		家人	亲属	同学或朋友	队友	队内管理人员	其他	强关系	弱关系
	7.61	25.42	4.64	4.14	30.13	34.26	1.41	55.55	44.45

第七节　专业运动员社会网络的形式化

专业运动员社会网络作为一种特殊的网络，不但需要给出整体网络外部特征的描述，如网络规模，还需要给出网络内部特征的描述，如节点构成。本节主要对专业运动员社会网络构建中的形式化表示细节进行阐述。

一、面向专业运动员个体节点的社会网络结构表示

图是一种传统的网络表示工具。本书的网络表示是为专业运动员的社会网络分析服务的，因而形式化的描述要兼顾网络外部与内部特性。对于如图 4-1 所示的网络结构，为了便于研究，形式化上采用邻接矩阵来描述网络拓扑，采用向量表示节点结构。专业运动员社会网络由图 $G(V, E)$ 来表达，其中，V 为网络中节点集合，E 为边的集合，边的权值代表节点间关系强度。

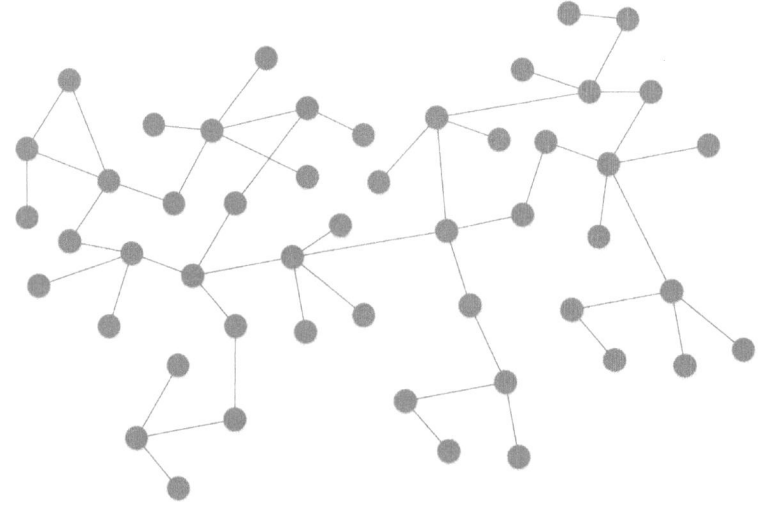

图 4-1　专业运动员社会网络图表示

网络结构的表示要能够尽量完整全面地刻画出专业运动员的状态。采用列向量对专业运动员节点进行描述，不仅可以表达宏观和中观网络关系，而且能有效地体现网络的微观信息，还具有很好的伸缩性，易于扩展（图4-2）。

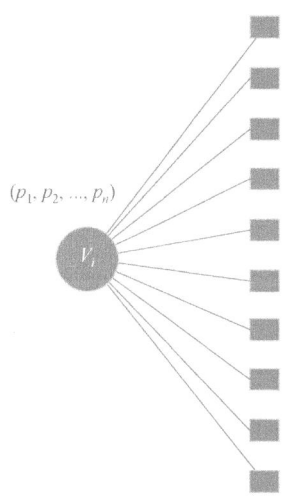

图4-2　专业运动员节点内部表示

本书采用邻接矩阵对基础的网络结构进行表示。对于矩阵 X，行和列都代表完全相同的专业运动员节点，并且行和列的排列顺序相同，矩阵中的要素是二值的，代表二者的关系。在此类矩阵中，矩阵各要素是"1"或者"0"，分别代表关系的存在与否。本书涉及专业运动员群体的八种网络关系表示。

二、专业运动员节点网络关系表示

专业运动员社会网络关系分析研究主要探讨给定的社会关系的影响，关系强度可以借助图 G 中边的权值来表达。在统计方法中，可以借助协方差矩阵表示节点对间的关联性质和程度。

为了利用机器学习方法推断任意两个节点间的联系，采用合成向量$[v_i, v_j]$来表示边，并为它们赋予标签值，在训练集支持下预测任意节点对间的状态。

矩阵中的要素由其所在的位置表示。给定网络 Y（表示为一个 $n \times m$ 的矩阵，其中，n 为网络中节点的数量），矩阵 Y 中的第 i 行第 j 列的要素记作 Y_{ij}。矩阵中的每个值都有自己的标签或者位置，可以清楚地看到作为专业运动员节点的各行和列之间的关系。如果行和列都代表来自一个节点集合的专业运动员节点，矩阵中的要素代表的就是各节点间的关系。如果行和列代表来自两个节点集合的专业运动员节点，矩阵中的要素代表的就是两个节点集合中各节点间的关系。如果行代表来自一个节点集合的专业运动员节点，列代表节点所属的事件，那么矩阵中的要素是指节点隶属于事件的情况，这种网络是隶属关系网络。

在专业运动员节点关系分析时，根据邻接矩阵可以构建邻接关系表，如图4-3所示。

	A_1	A_2	A_3	A_4	A_5
A_1		1			
A_2	1		1		
A_3		1		1	1
A_4			1		1
A_5	1		1	1	

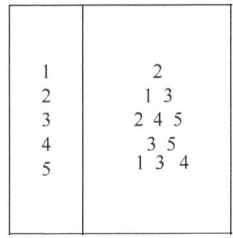

图4-3　专业运动员节点关系表示

对于这样的专业社会网络，节点间的联系具有稀疏性特征，因此在算法表示中多数地方采用稀疏矩阵进行存储。另外，有向关系和多值关系也采用矩阵进行形式化描述。

第八节　专业运动员社会网络社区结构探测方法

专业运动员存在明显的社区结构，因此小世界网络显现。对于这种社区结构的分析，需要解决社区结构探测与网络关系分析两个问题。

传统的基于节点度和基于距离的凝聚子群计算方法更多的是给出定义，有些概念过于严格而不能很好地反映网络特征，缺乏相应的评价指标。本书结合网络的统计特征，构建基于矩阵分布/矩阵过程的社区结构探测。该模型有效地描述了节点间的相互关联性，以及非线性互动关系，从而更有效地挖掘网络的社区结构。同时结合网络中的个体属性特征，作为社会网络分析算法的补充。

对于给定专业运动员社会网络 Y 解释如下：

$$Y = X + E, \quad X = U'WV$$

其中，U 和 V 分别为 $n \times d$ 和 $m \times d$ 的矩阵，可以看作网络中节点在隐藏空间的表示，m 为节点类别的数量；U 称为隶属矩阵（membership matrix）；W 为 $m \times m$ 的矩阵，代表类别之间的相互作用；E 为网络中的噪声。

网络中的连接关系可能存在噪声，t 分布具有鲁棒性特征，能够有效去除噪声。本书假设 W 服从自由度为 r 的矩阵 t 分布，即 $W \sim mt(r, 0, I, I)$，其中，I 为单位矩阵。X 也服从自由度为 r 的矩阵 t 分布，但是它的协方差矩阵 K 和 G 包含给定网络矩阵 Y 的行和列上的信息，即

$$X \sim mt(r, 0, K, G)$$

对于对称网络（如专业运动员-专业运动员网络），假设 $K = G$；对于非对称网络（如专业运动员-教练网络），假设 $K \neq G$。因此，协方差矩阵可以描述节点间的相互依赖性（interdependence）。另外，如果 K 和 G 是非线性的协方差矩阵，如利用高斯函数来定义的协方差矩阵，那么网络中节点的互动关系就是非线性关系。如图 4-4 所示，协方差函数 k 和 g 分别描述行和列上的关联关系，可以同时描述非对称网络（如专业运动员-教练网络）不同类型个体之间的相似程度，并可以采用非线性协方差函数来描述个体间的非线性互动关系。假设隶属矩阵 U 服从稀疏分布，如拉普拉斯分布（Laplace distribution），使得 U 能够成为稀疏矩阵。另外，对于网络节点的属性特征，网络的一些背景知识和通过复杂网络分析获得的网络统计特征都可以作为先验知识保存在行或列的方差矩阵中，从而最大化利用已有知识，更有效地对社会网络进行建模。

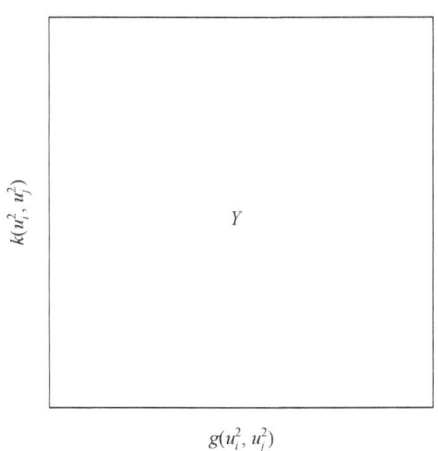

图 4-4　节点的互动关系

第九节　本 章 小 结

（1）对于基础的网络结构表达，本书采用邻接矩阵进行表示。对于矩阵 X，行和列都代表完全相同的专业运动员节点，并且行和列的排列顺序相同，矩阵中的要素是二值的，代表二者的关系。在此类矩阵中，矩阵各要素是"1"或者"0"，

分别代表关系的存在与否。本书涉及专业运动员群体的八种网络关系表示。

（2）在专业运动队的管理方面，专业运动员仍旧对退役安置问题最不满意，同时认为文化教育投入的比例较小，选拔与奖惩方面也存在很多问题。对于有关婚恋问题的调查，专业运动员认为谈恋爱更倾向于正面促进作用，这些问题都是在专业运动员管理上亟待解决的问题。

（3）对专业运动员社会讨论网络的研究发现，在关乎专业运动员生计与自身利益问题上，专业运动员愿意与更多人交流讨论，而在婚恋等个人隐私问题上，专业运动员与他人交流讨论得相对较少。这可能与运动训练中心的制度有关，加上被访者年龄相对较小，谈论这种问题会比较羞涩，这种个人隐私问题也只有知心朋友才会提及。同时，专业运动员表现了强烈的强关系倾向，这与整体网络的研究、专业运动员身上的小团体现象一致，说明专业运动员与社会其他人群接触较少，社会交往圈子狭窄。

（4）对专业运动员社会支持网络的分析可以看出，专业运动员社会交往支持网络规模最大，实际支持网络规模最小。这说明专业运动员在日常生活与训练过程中，实际的支持没有那么重要，这可能与他们的现实生活有关。运动训练中心封闭管理，给他们提供吃饭住宿，专业运动员在这方面的诉求较低，表现出较高的社会交往支持；在关系强度上，专业运动员的社会支持仍旧表现出强烈的强关系倾向，尤其在社会交往支持上，强关系的比例达到60%以上。

（5）对专业运动员就业支持网络的研究可以看出，专业运动员未来的职业发展向着自由化发展，不受某种职业的困扰，自主创业，自由发展。这其实体现了国家对专业运动员退役安置制度的薄弱，专业运动员未来职业无法得到保障，只能自谋出路，他们对未来职业发展带有一定的盲目性和未知性。同时，专业运动员在选择未来职业发展中，自己的兴趣爱好、预期收入水平高和有挑战性能实现自身价值是他们最看重的三个原因。

（6）对专业运动员成就支持网络的研究发现，队内管理人员和队友起到至关重要的作用，这两者的比例加起来占到65%左右。因此，在关系强度上，虽然强关系占据优势，但是弱关系相较其他网络已有较大幅度的提高，队内管理人员起到主要的作用。因此，运动成绩的取得与队内管理人员、队友密切相关。

（7）受地缘、亲缘及学缘等因素影响，小世界网络在社会网络中普遍存在，专业运动员存在明显的社区结构。对于这种社区结构的分析需要解决社区结构探测与网络关系分析两个问题。

第五章 专业运动员整体网络结构分析

本节主要研究专业运动员的整体网络结构特征,从整体网络的微观、中观和宏观三个层次来揭示专业运动员的整体网络结构。整体网络微观特征包括度中心性、出度中心势、入度中心势、居中中心势、传递性等;整体网络中观特征主要以二方关系和三方关系为基础来进行分析;整体网络宏观特征包括嵌入性、密度、聚类系数、平均路径长度以及小世界特征等。

第一节 专业运动员整体网络的拓扑图

依据复杂网络分析和系统工程的思想与原理构建专业运动员整体网络(包括社会支持网络和社会讨论网络)结构的分析框架,结合管理学和社会学方法,综合运用社会网络分析(包括传统社会网络分析和复杂社会网络分析)和统计学等分析技术进行分析。共对八个整体网络进行分析,其中,$A\sim E$ 为社会支持网络,A 为实际支持网络,B 为情感支持网络,C 为社会交往支持网络,D 为就业支持网络,E 为成就支持网络;$F\sim H$ 为社会讨论网络,F 为收入讨论网络,G 为专业讨论网络,H 为婚恋讨论网络,并应用 UCINET 软件进行分析,形成拓扑图,如图 5-1~图 5-8 所示。

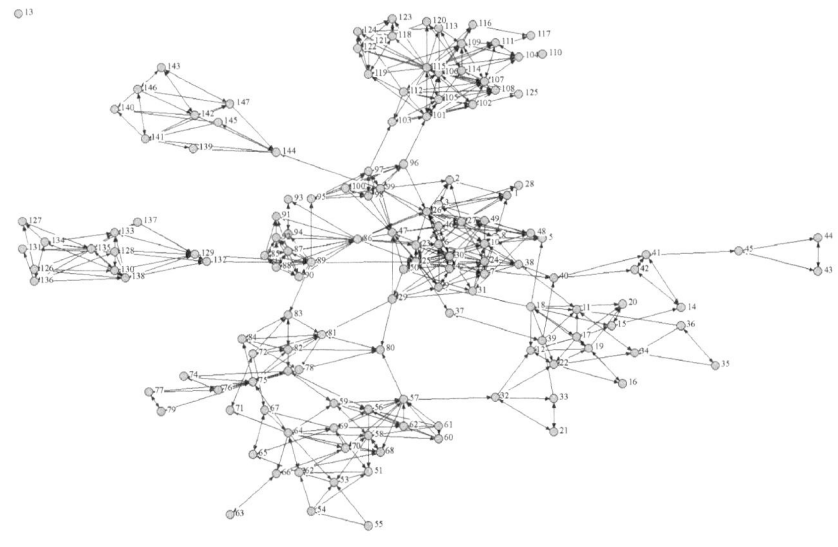

图 5-1 拓扑图 A

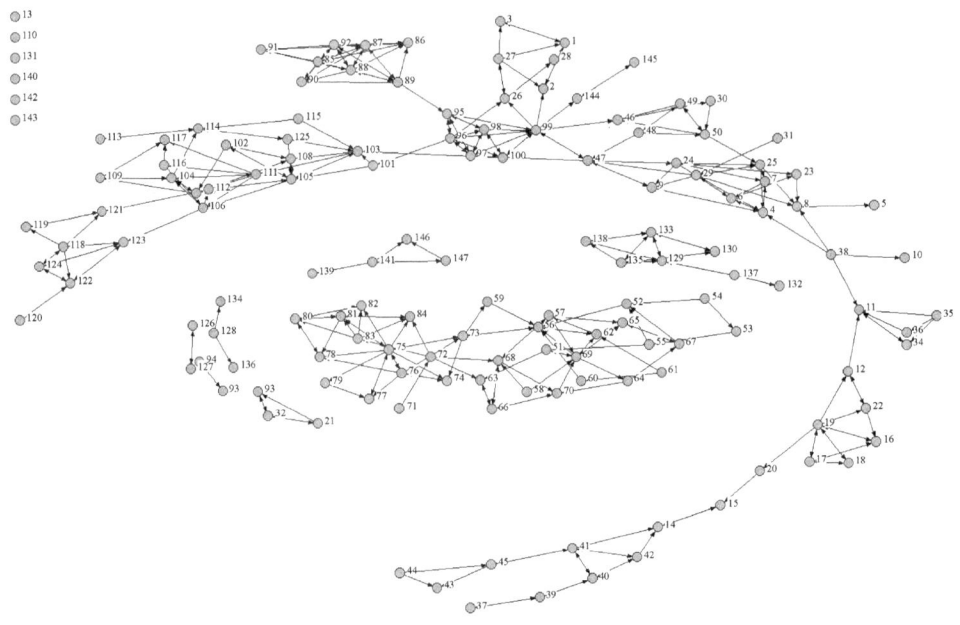

图 5-2 拓扑图 B

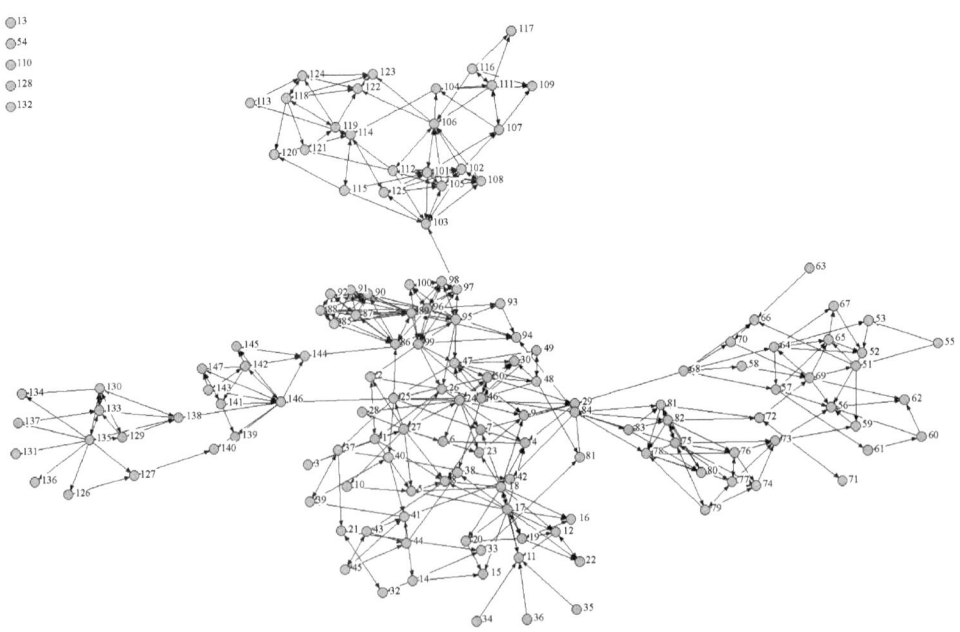

图 5-3 拓扑图 C

第五章 专业运动员整体网络结构分析

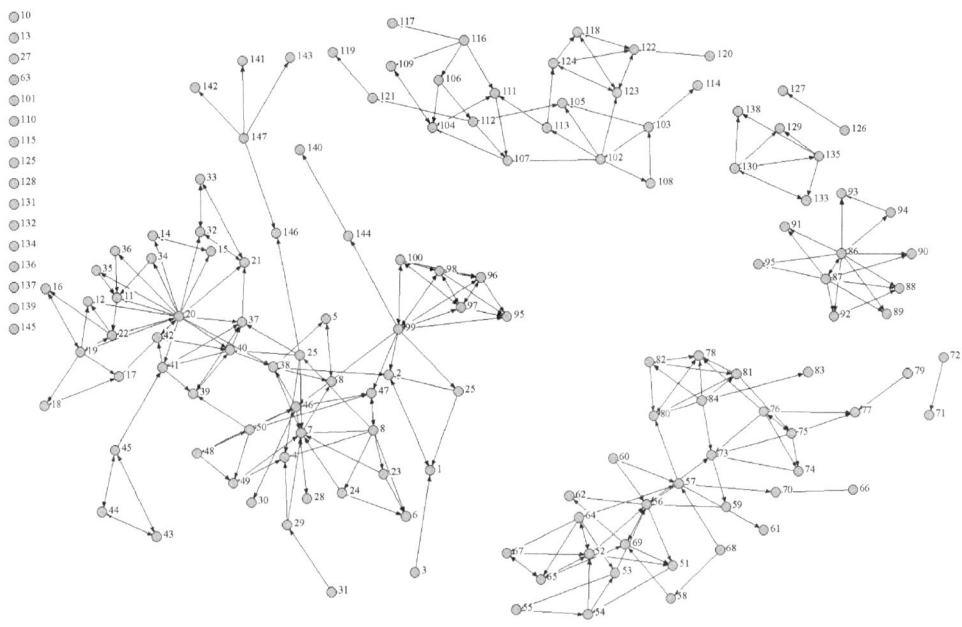

图 5-4 拓扑图 D

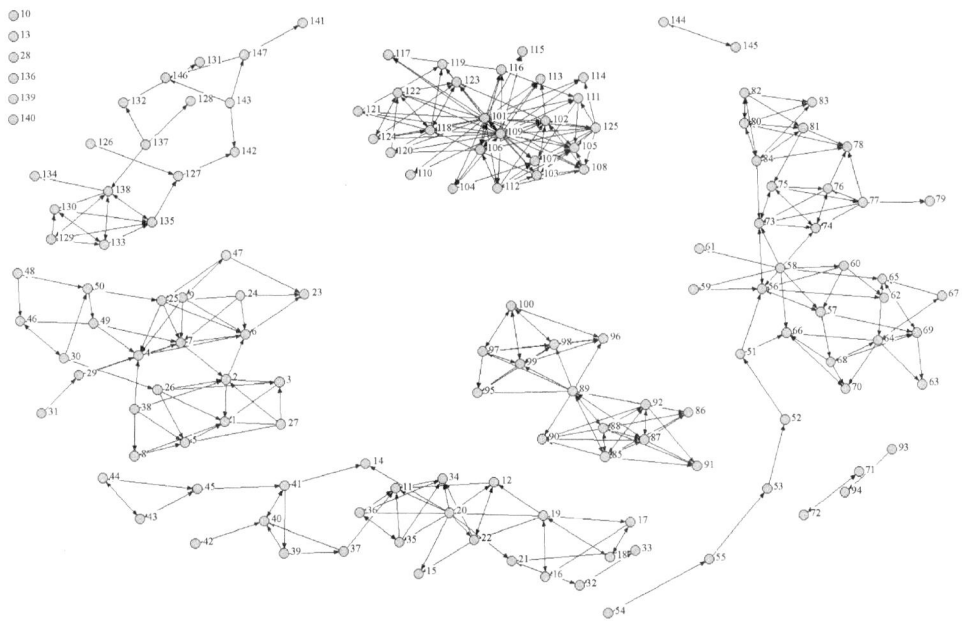

图 5-5 拓扑图 E

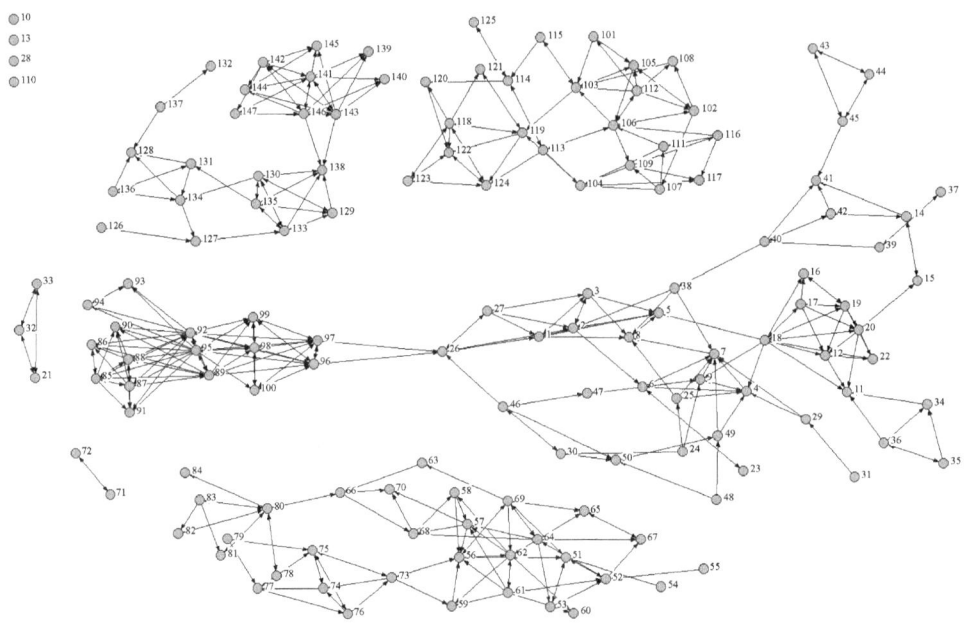

图 5-6 拓扑图 F

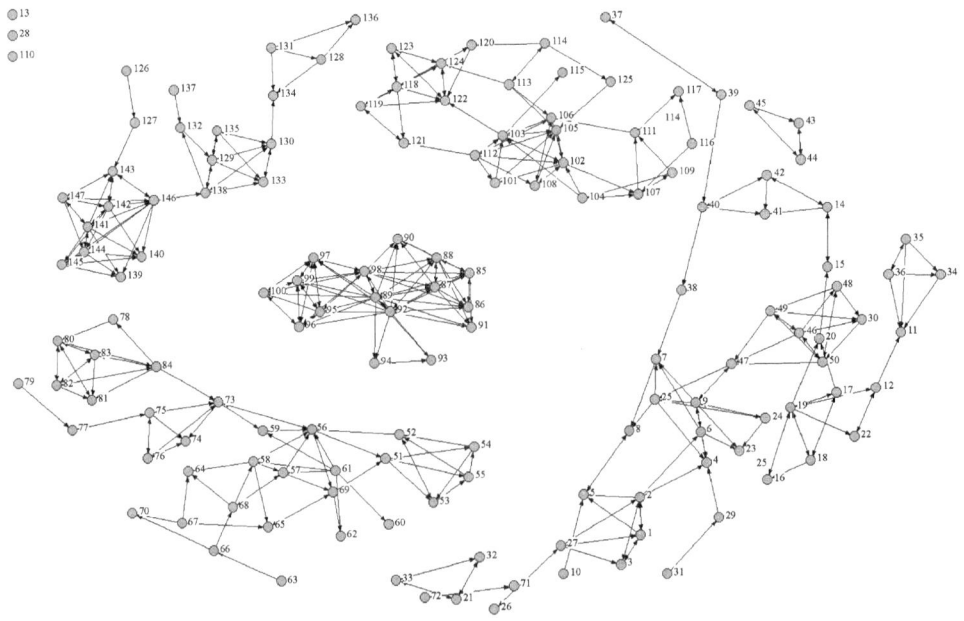

图 5-7 拓扑图 G

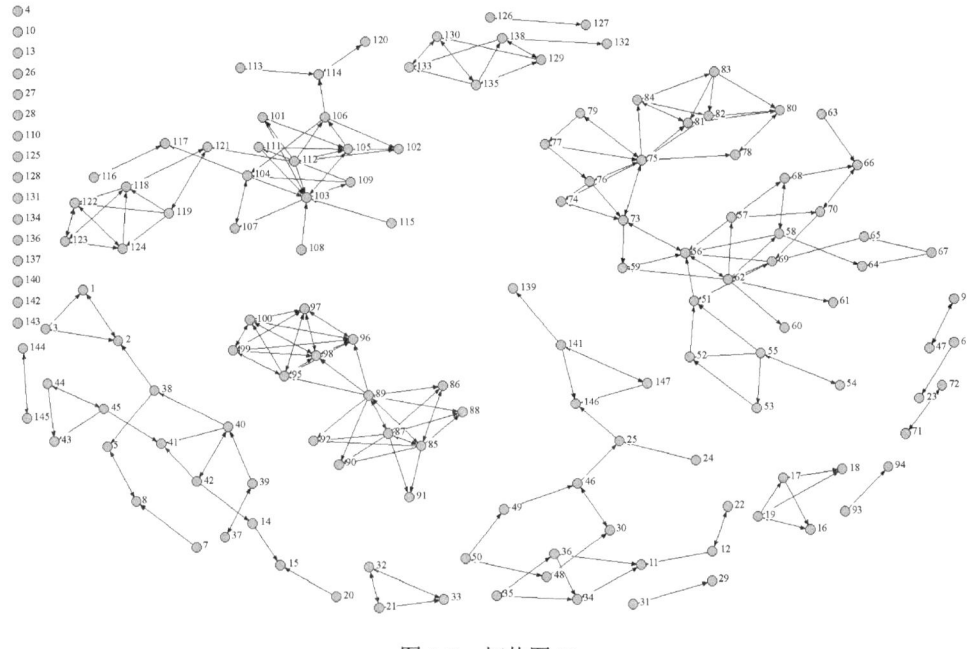

图 5-8 拓扑图 H

第二节 专业运动员整体网络微观结构

中心性是社会网络分析的重点之一，表明个人或者组织在其社会网络中拥有的权力或者所处的中心地位。中心性有三种类型：度中心性（degree centrality）、接近中心性（closeness centrality）和居中中心性（betweenness centrality）。

一、度中心性、度中心势理论分析

如果忽略网络中关系强度，社会网络可以用无向无权图 $G(V,E)$ 表示，其中，V 为节点（网络成员）集合；E 为边（网络成员关系）集合。邻接矩阵是社会网络成员间关系的另一种表示方法，定义邻接矩阵

$$A = \begin{bmatrix} a_{11} & a_{12} & \cdots & a_{1n} \\ a_{21} & a_{22} & \cdots & a_{2n} \\ \vdots & \vdots & & \vdots \\ a_{n1} & a_{n2} & \cdots & a_{nn} \end{bmatrix} \tag{5-1}$$

其中，

$$a_{ij} = \begin{cases} 1, & \text{如果节点} i \text{与节点} j \text{相连，且} i \neq j \\ 0, & \text{其他} \end{cases} \quad (5\text{-}2)$$

网络成员间的关系是非对称的，例如，网络成员 i 支持网络成员 j，但是网络成员 j 不一定支持网络成员 i，因此本书的整体网络均为有向关系网络，对应的邻接矩阵是非对称的，即 $a_{ij} \neq a_{ji}$。

度中心性分为两类：绝对中心性和相对中心性。前者仅是指一个点的度数，后者为前者的标准化形式。点 i 的绝对中心性是指与点 i 直接相连的其他点的个数，用 $C_{AD}(i)$ 表示。这种测量根据与该点直接相连的点数，忽略间接相连的点，因此所测量的中心性称为局部中心性（local centrality）。对于有向图，度中心性又分为出度中心性（out-degree centrality）和入度中心性（in-degree centrality）。

点 i 的出度中心性和入度中心性的计算公式分别为

$$d_{\text{out}}(i) = \sum_{j=1}^{n} a_{ij} \quad (5\text{-}3)$$

$$d_{\text{in}}(j) = \sum_{i=1}^{n} a_{ij} \quad (5\text{-}4)$$

用绝对中心性测量一个点的中心性存在一定的局限性。中心性需要在一个图的成员之间或者在同等规模的图之间进行比较才有意义。此外，一个点的度数还依赖于图的规模。当图的规模不同时，不同图中点的局部中心性就不可比较。为了弥补这一局限，弗里曼提出了对局部中心性的相对测度——相对中心性，即点的绝对中心性（实际度数）与图中点的最大可能的度数之比。相对中心性是对局部中心性进行测量的标准化度量，可用来对同一类型网络中点的中心性进行比较。

若网络是有向的，点 i 的相对中心性的计算公式为

$$C_{RD}(i) = (d_{\text{out}}(i) + d_{\text{in}}(i))/(2n-2) \quad (5\text{-}5)$$

若网络是无向的，式（5-5）简化为

$$C_{RD}(i) = C_{AD}(i)/(n-1) \quad (5\text{-}6)$$

其中，n 为网络规模。$C_{RD}(i)$ 越大，i 越可能处于核心位置；$C_{RD}(i)$ 越小，i 越孤立。

度中心势测度网络的整体中心性，是整体网络中每个个体度中心性的一种方差。度中心势有出度中心势、入度中心势、居中中心势等之分。出度中心势衡量整体网络中个体的出度的差异。这种差异越大，中心势就越大。出度中心势的计算公式为

$$C = \frac{\sum_{i=1}^{n}(C_{\max} - C_i)}{\max\left[\sum_{i=1}^{n}(C_{\max} - C_i)\right]} \tag{5-7}$$

其中，C 为出度中心势；$C_{\max}$ 为最大的出度；C_i 为网络中点 i 的出度。入度中心势衡量整体网络中个体的入度（受欢迎的程度）差异。这种差异越大，中心势就越大。出度中心势从整体上衡量网络中个体与其他个体交往人数的差异，值越大，说明网络成员与他人交际能力的差异越大，中心势就越大；与出度中心势正好相反，入度中心势从整体上衡量网络中其他个体与该个体交往人数的差异，值越大，说明网络个体受欢迎程度的差异就越大。

二、接近中心性、居中中心性、居中中心势理论分析

接近中心性是一种对不受他人控制的测度。若一个点与网络中所有其他点的距离都很短，则称该点是整体中心点。因此，该人较少依赖他人，即很少受他人控制。点 i 的接近中心性的操作化定义是点 i 与所有其他点之间的距离和，其计算公式为

$$C_{ACi}^{-1} = \sum_{j=1}^{n} d_{ij} \tag{5-8}$$

其中，d_{ij} 为点 i 和点 j 之间的测地线（geodesic）距离（测地线中包含的线数）。接近中心性越小，该点越处于网络中心位置。

点 i 的相对接近中心性计算公式为

$$C_{RCi} = \frac{n-1}{C_{ACi}^{-1}} \tag{5-9}$$

对比式（5-8）和式（5-9）可知，相对接近中心性越大，该点越居于中心位置。接近中心性要求图必须是连通图，即网络中任意两点之间都可以通过某条路径联系在一起。

居中中心性测量行动者对资源控制的程度。如果一个点处于许多其他点对的测地线上，该点就具有较高的居中中心性。

假设点 j 和点 k 之间存在的测地线数量用 g_{jk} 来表示，第三个点 i 控制此两点的交往能力用 $b_{jk}(i)$ 来表示，即 i 处于点 j 和点 k 之间的测地线上的概率。点 j 和点 k 存在的经过点 i 的测地线数量用 $g_{jk}(i)$ 来表示，则 $b_{jk}(i) = g_{jk}(i)/g_{jk}$。点 i 的绝对居中中心性记为 C_{ABi}，计算公式为

$$C_{ABi} = \sum_{j}^{n}\sum_{k}^{n} b_{jk}(i), \quad j \neq k \neq i \text{ 且 } j < k \tag{5-10}$$

点 i 的相对居中中心性的计算公式为

$$C_{\text{RB}i} = \frac{2C_{\text{AB}i}}{n^2 - 3n + 2} \quad (5\text{-}11)$$

其中，$C_{\max} = (n^2 - 3n + 2)/2$ 是在星形网络下居中中心性的最大值。$C_{\text{RB}i}$ 的取值范围为[0, 1]，可用于比较不同网络图中点的居中中心性。

居中中心势衡量整体网络中的每个个体位于其他两个个体之间的路径数量差异。居中中心势越大，相应的差异就越大，中心势就越大。居中中心势从整体上衡量网络中个体作为其他两个个体交往桥梁的差异。居中中心势越大，说明少数人对网络中个体交往的控制能力就越大。

三、专业运动员整体网络微观结构的分析结果

1. 度中心性

表 5-1 示出了专业运动员社会支持网络及社会讨论网络的度中心性。从最小值来看，每个专业运动员的网络都存在孤立点，他们不与任何人发生支持行为。从最大值来看，出度普遍大于入度，表明专业运动员主动寻求帮助要多于被动接受帮助。在五种社会支持网络中，实际支持网络和社会交往支持网络的度中心性平均值较大，说明专业运动员之间在日常生活及社会交往间的相互支持更多；就业支持网络的度中心性平均值都最小，然后依次是情感支持网络和成就支持网络。在三种社会讨论网络中都有专业运动员未参加任何社会讨论网络，同样从最大值来看，出度普遍大于入度，表明专业运动员主动参与讨论要多于被动接受讨论。其中，有关收入及专业话题的讨论较多，有关婚恋话题的讨论较少，这与专业运动员年龄较小、涉及婚恋话题较敏感有关。

表 5-1 专业运动员社会网络度中心性

社会网络	参数	出度				入度			
		平均值	标准差	最小值	最大值	平均值	标准差	最小值	最大值
A	C_{AD}	3.471	3.349	0	24.000	3.471	2.268	0	10.000
	C_{RD}	2.054	1.981	0	14.201	2.054	1.342	0	5.917
B	C_{AD}	2.012	1.919	0	10.000	2.012	1.659	0	6.000
	C_{RD}	1.190	1.135	0	5.917	1.190	0.982	0	3.55
C	C_{AD}	2.853	3.048	0	14.000	2.853	2.108	0	8.000
	C_{RD}	1.688	1.804	0	8.284	1.688	1.247	0	4.734

续表

社会网络	参数	出度				入度			
		平均值	标准差	最小值	最大值	平均值	标准差	最小值	最大值
D	C_{AD}	1.606	2.146	0	15.000	1.606	1.527	0	7.000
	C_{RD}	0.950	1.270	0	8.876	0.950	0.904	0	4.142
E	C_{AD}	2.347	3.211	0	24.000	2.347	2.004	0	9.000
	C_{RD}	1.389	1.900	0	14.201	1.389	1.186	0	5.325
F	C_{AD}	2.488	2.590	0	15.000	2.488	1.974	0	8.000
	C_{RD}	1.472	1.533	0	8.876	1.472	1.168	0	4.734
G	C_{AD}	2.347	2.407	0	14.000	2.347	1.819	0	7.000
	C_{RD}	1.389	1.424	0	8.284	1.389	1.076	0	4.142
H	C_{AD}	1.541	1.719	0	9.000	1.541	1.511	0	7.000
	C_{RD}	0.912	1.017	0	5.325	0.912	0.894	0	4.142

2. 度中心势

表 5-2 示出了专业运动员社会支持网络及社会讨论网络的度中心势。在前五个社会支持网络中，成就支持网络与实际支持网络的度中心势较大，说明这两个社会支持网络相对集中，然后依次是就业支持网络、社会交往支持网络、情感支持网络。在三个社会讨论网络中，度中心势由大到小依次是收入讨论网络、专业讨论网络、婚恋讨论网络。

表 5-2 专业运动员社会网络度中心势

社会网络	出度/%	入度/%
A	13.78	4.13
B	5.29	2.53
C	7.38	3.24
D	9.06	3.55
E	14.68	4.34
F	8.36	3.53
G	7.78	2.96
H	4.98	3.60

3. 接近中心性

表 5-3 示出了专业运动员社会支持网络及社会讨论网络的接近中心性。接近中心性要求图必须是连通图,即网络中任意两点之间都可以通过某条路径联系在一起。根据数据可以发现,专业运动员社会网络比较稀疏,存在孤立点,且存在互不相连的子网络。

表 5-3 专业运动员社会网络接近中心性

社会网络	参数	出度				入度			
		平均值	标准差	最小值	最大值	平均值	标准差	最小值	最大值
A	C_{AC}^{-1}	13893.240	5115.757	8082.000	21462.000	13893.240	5305.243	1397.000	21462.000
	C_{RC}	1.214	0.444	0.68.000	1.806	1.534	1.838	0.680	10.451
B	C_{AC}^{-1}	18842.740	2227.149	14785.000	21462.000	18842.740	2613.770	13037.000	21462.000
	C_{RC}	0.786	0.095	0.680	0.987	0.793	0.129	0.680	1.120
C	C_{AC}^{-1}	16592.830	2736.615	12063.000	21462.000	16592.830	5873.589	3684.000	21462.000
	C_{RC}	0.904	0.147	0.680	1.210	1.164	0.878	0.680	3.963
D	C_{AC}^{-1}	20197.580	1458.593	16003.000	21462.000	20197.580	1453.342	16701.000	21462.000
	C_{RC}	0.727	0.058	0.680	0.912	0.727	0.056	0.680	0.874
E	C_{AC}^{-1}	20107.120	1148.178	17448.000	21462.000	20107.120	1303.288	17545.000	21462.000
	C_{RC}	0.729	0.043	0.680	0.837	0.729	0.050	0.680	0.832
F	C_{AC}^{-1}	19534.950	1688.046	14983.000	21462.000	19534.950	1398.181	17469.000	21462.000
	C_{RC}	0.754	0.071	0.680	0.974	0.751	0.054	0.680	0.836
G	C_{AC}^{-1}	19935.840	1286.519	16737.000	21462.000	19935.840	1056.923	18150.000	21462.000
	C_{RC}	0.736	0.050	0.680	0.872	0.734	0.039	0.680	0.804
H	C_{AC}^{-1}	20457.690	1192.434	17448.000	21462.000	20457.690	1220.173	17456.000	21462.000
	C_{RC}	0.716	0.045	0.68.000	0.837	0.716	0.046	0.680	0.836

4. 居中中心性

表 5-4 示出了专业运动员社会支持网络及社会讨论网络的居中中心性。在五

个社会支持网络中，实际支持网络的平均值明显高于其他社会支持网络，可以理解为在实际支持网络中专业运动员起到桥梁作用的人较多，然后依次是社会交往支持网络、情感支持网络、就业支持网络、成就支持网络。在三个社会讨论网络中，最小值都为零，可以认为在每个话题中都有运动员不能介于其他两人的讨论关系中，即他们没有控制讨论关系的能力。专业运动员群体在社会支持网络和社会讨论网络中具有不同的中心性，这意味着他们在群体中具有不同的权力结构。无论社会支持网络还是社会讨论网络，都有少数专业运动员处于孤立状态，他们没有任何权力。总体而言，实际支持网络的居中中心性较高，而情感支持网络的居中中心性较低；越是大众化的话题，社会讨论网络的居中中心性就高，越是隐私的话题，社会讨论网络的居中中心性就越低。

表 5-4 专业运动员社会网络居中中心性

社会网络	参数	平均值	标准差	最小值	最大值
A	C_{AB}	249.69	444.21	0	2062.55
	C_{RB}	1.18	2.10	0	9.74
B	C_{AB}	55.42	110.33	0	610.83
	C_{RB}	0.26	0.52	0	2.89
C	C_{AB}	125.62	276.75	0	1954.97
	C_{RB}	0.59	1.31	0	9.24
D	C_{AB}	18.79	40.76	0	181.00
	C_{RB}	0.09	0.19	0	0.86
E	C_{AB}	16.73	39.81	0	297.50
	C_{RB}	0.08	0.19	0	1.41
F	C_{AB}	27.57	51.61	0	408.05
	C_{RB}	0.13	0.24	0	1.93
G	C_{AB}	20.25	38.54	0	289.17
	C_{RB}	0.10	0.18	0	1.37
H	C_{AB}	13.71	42.36	0	306.83
	C_{RB}	0.07	0.20	0	1.45

5. 居中中心势

表 5-5 示出了专业运动员社会支持网络及社会讨论网络的居中中心势。在实际支持网络和社会交往支持网络中，居中中心势较大，说明部分专业运动员的个体控制能力较大；在社会讨论网络中，专业运动员的个体控制能力差异不大。

表 5-5 专业运动员社会网络居中中心势

社会网络	居中中心势/%
A	8.62
B	2.64
C	8.70
D	0.77
E	1.34
F	1.81
G	1.28
H	1.39

第三节 专业运动员整体网络中观结构

"物以类聚，人以群分"是自然界和人类社会的普遍规律。对于人类社会而言，个体通过人际互动结合成小团体，并利用社会关系网络获取嵌入在其中的各种社会资源。相关研究表明，专业运动员群体中存在小团体现象，但研究主要是质性分析，缺乏量化研究。本节将从三方关系、社群结构的模块性指标方面探测分析专业运动员小团体结构。

一、二方关系和三方关系的理论分析

1. 二方关系

二方关系是指网络中两个人之间相互作用、相互影响而形成的关系。以讨论生育话题为例，二方关系有三种情况：第一种是两个人之间都没有向对方提出讨论生育话题，称为虚无关系；第二种是两个人中总是有一方向对方提出讨论生育话题，而另一方接受他的讨论，称为单向关系；第三种是两个人都向对方提出讨论生育话题并进行讨论，称为互惠关系。二方关系如图 5-9 所示。

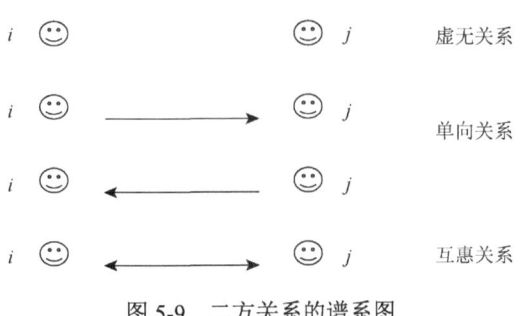

图 5-9 二方关系的谱系图

三方关系是指整体网络中任意三人之间形成的关系，三方关系中任意两人之间形成的关系即二方关系。因此，三方关系以二方关系为基础。图 5-10 表示三方关系的 15 种同构类（三方关系共 16 种同构类，有向图中涉及其中 15 种同构类）。其中，箭头的起点代表关系的发出方，终点代表关系的接收方。采用目前常用的标记规则：第一个数字表示三方关系中互惠对的个数；第二个数字表示三方关系中单向对的个数；第三个数字表示三方关系中虚无对的个数；最后一个字母（如果需要的话）对相似的两个三方关系进行区分，t 代表传递（transitivity）关系，c 代表循环（cycle）关系，d 代表向下（down）关系，u 代表向上（up）关系。

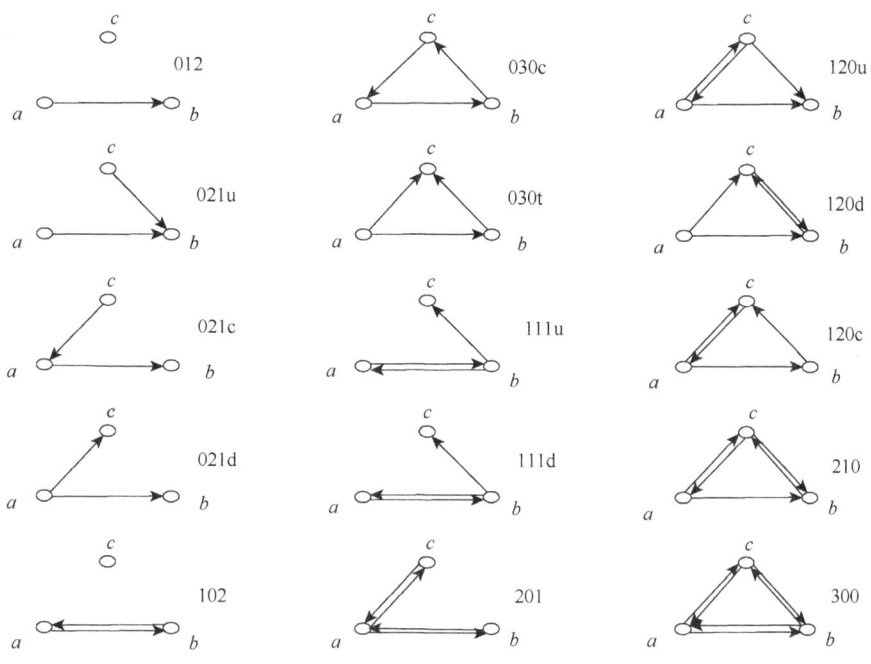

图 5-10　一个有向图中可能存在的 15 种三方关系结构

密度表示网络中实际存在的二方关系数量占可能存在的二方关系数量的比例。在有向图中，密度的计算公式为

$$\rho = \frac{L}{n(n-1)} \tag{5-12}$$

其中，L 为图中的连线数（二方关系数量）；n 为网络规模。密度从关系总量上表示网络成员的关系密集程度，密度越大，说明网络成员间的关系越密，例如，生育讨论网络的密度越大，该网络成员间整体讨论生育方面话题的人就越多；反之，

则越少。通常密度与网络规模有关。密度与度中心性从不同角度测度整体网络中关系的数量。

2. 三方关系

二方关系是网络分析的基本单位。单向关系和互惠关系的数量占所有可能的二方关系总数的比例反映了网络成员间单向交流和双向互动状况。比例越高，网络成员间的联系越多；相反，虚无关系的数量占所有可能的二方关系总数的比例越高，网络成员间的联系和互动就越少。

三方关系是最基本的小团体。三方关系中任意两个个体之间的关系都是二方关系，即三方关系是由二方关系组成的。在有向网络中，三方关系所有可能的关系结构有 64 种，其中，同构类只有 16 种。

对于三方关系，030t 表示具有单向传递关系的三方关系，030c 表示具有单向循环关系的三方关系。分析三方关系同构类，是把整体网络还原为 16 种统计量，从而简化对整体网络结构的分析。三方关系中，互动的二方关系越多，网络成员在该群体中的认同感和归属感越强，他们的观念越容易在该群体中传播或被他人影响。

二、社群结构的理论分析

1. Newman 社群结构定义

设网络节点集合 V_p、V_q 是 V 的真子集，即 $V_p \neq \varnothing$，$V_q \neq \varnothing$，且 $V_p \subset V$，$V_q \subset V$。若 $V_p \cap V_q = \varnothing$，则有 $A_{pq} = \{a_{ij}\}$，$i \in V_p$，$j \in V_q$，且 $A_{pq} \subset A$。记 $A = \frac{1}{2}\sum_i\sum_j a_{ij}$ 为节点关系数量。因此，当 $p \neq q$ 时，$A_{pq} = \sum_{i \in V_p}\sum_{j \in V_q} a_{ij}$，$a_{ij} \in A$ 为子集 V_p、V_q 间关系数量，而 $p = q$ 时，$A = \frac{1}{2}\sum_{i \in V_p}\sum_{j \in V_q} a_{ij}$，$a_{ij} \in A$ 为子集 V_p、V_q 内部关系数量。

网络社群结构就是将节点集合 $V = \{v_1, v_2, \cdots, v_n\}$ 划分为 m 个子集 $V_1, V_2, \cdots, V_m$，使其满足：

（1）$V_p \neq \varnothing$，$p = 1, 2, \cdots, m$；

（2）$\sum_{p=1}^{m} V_p = V$；

（3）$V_p \cap V_q = \varnothing$，$p \neq q$ 且 $p, q = 1, 2, \cdots, m$；

（4）A_{pq}，$p \neq q$ 且 $p, q = 1, 2, \cdots, m$。

社会网络关系复杂，很难将其划分为互不联系的社群组合，因此第 4 个条件很难满足。定义

$$e_{pq} = \frac{A_{pq}}{A} = \begin{cases} \dfrac{\sum_{i' \in V_p} \sum_{j' \in V_q} a_{i'j'}}{\dfrac{1}{2} \sum_{i \in V} \sum_{j \in V} a_{ij}}, & p \neq q \\ \dfrac{\sum_{i' \in V_p} \sum_{j' \in V_q} a_{i'j'}}{\sum_{i \in V} \sum_{j \in V} a_{ij}}, & p = q \end{cases} \quad (5\text{-}13)$$

应用中，只要同时保证

$$\max\left(\sum_p e_{pp}\right), \quad p = 1, 2, \cdots, m \quad (5\text{-}14)$$

和

$$\min\left(\sum_{p,q} e_{pq}\right), \quad p, q = 1, 2, \cdots, m \quad (5\text{-}15)$$

就可以满足社群内部关系密集而社群间关系稀疏的要求，符合 Newman 有关社群结构的含义。Newman 度量社群结构划分的有效合理性的模块性指标，即

$$Q = \sum_{p=1}^{m}\left[\left(e_{pp} - \sum_{q=1}^{m} e_{pq}\right)^2\right] \quad (5\text{-}16)$$

2. 社群结构探测

Newman 进一步指出，Q 大于 0.3，表明网络存在明显的社群结构。根据 Newman 的观点，Q 越大，社群结构探测效果越好，社群结构越清晰。通常 Q 为 0.3～0.7。然而，Q 是存在问题的，以图 5-11 中的三个网络为例加以说明。

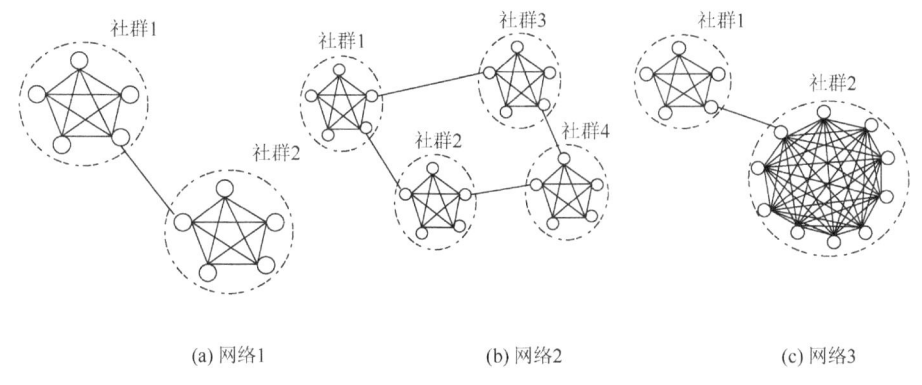

图 5-11 社群结构示意图

网络 1 和网络 2 是非常相似的，具有清晰的社群结构，且社群是相同的，即每个子群都有 5 个相互连接的节点。唯一的差别是网络 1 有 2 个社群，而网络 2 有 4 个社群。由式（5-16）可得，网络 1 和网络 2 的 Q 分别为 0.4036 和 0.6591。与网络 1 相同，网络 3 有 2 个社群，但社群的节点数量不同，社群 1 节点数量为 5，社群 2 节点数量为 10。由式（5-16）可得，网络 3 的 Q 为 0.2688。上述例子与 Newman 的观点完全不同。因此，社群结构的 Q 会受网络结构的影响。就此，本书给出如下定理。

Newman 模块性指标 Q 的最大值 $Q_{max} = 1 - \dfrac{1}{m}$，其中，$m$ 为社群数量。

由 Newman 模块性指标 Q 的定义可知，$0 \leqslant e_{pq} \leqslant 1$；当 $e_{pq} = 0$，$p \neq q$ 时，$e_{pp} - \left(\sum\limits_{q=1}^{m} e_{pq} \right)^2$ 取得最大值，对应的情况是社群之间没有任何连接：

$$Q_{max} = \sum_{p=1}^{m} \left[e_{pp} - \left(e_{pp} \right)^2 \right] = \sum_{p=1}^{m} e_{pp} - \sum_{p=1}^{m} \left(e_{pp} \right)^2 = 1 - \sum_{p=1}^{m} \left(e_{pp} \right)^2$$

只有当 $e_{11} = e_{22} = \cdots = e_{mm}$ 时，Q 取得最大值，$Q_{max} = 1 - \dfrac{1}{m}$。

上述定理表明，Newman 模块性指标 Q 除了能够测度"社群内节点关系稠密，而不同社群间节点关系稀疏"这一社群结构特征，还潜在地要求各社群间成员数量不存在差异，即结构是平衡的，$e_{11} = e_{22} = \cdots = e_{mm}$。上述分析也表明，当分析不同网络时，$Q$ 的取值范围存在差异，因此无法直接利用 Q 进行对比。为弥补这一缺陷，本书提出如下归一化模块性指标：

$$\overline{Q} = \frac{Q}{Q_{max}} = \frac{m}{m-1} Q \qquad (5-17)$$

三、专业运动员整体网络中观结构的分析结果

1. 三方关系

专业运动员社会支持网络的三方关系同构类分布如表 5-6 所示。003 的数量占三方关系总数的绝大部分比例，表明在大多数专业运动员群体中三人中任何两人之间都没有社会支持关系。除 003 外，其他三人关系结构很稀疏。012 的比例较大，说明在三个专业运动员中只有两人之间有社会支持关系的比例较大。030c 的比例最小，说明在三个专业运动员中有单向传递关系和双向传递关系的比例都很小，进而表明专业运动员在群体中的认同感和归属感较差。

表 5-6 专业运动员社会支持网络三方关系同构类分布

同构类	A	B	C	D	E	F	G	H
003	456733	483308	466670	486262	474403	473396	475973	491313
012	39978	21724	34879	25542	31658	30148	28344	17087
102	19800	13006	15641	6162	11350	14115	13517	9867
021d	532	92	334	254	493	191	154	79
021u	205	65	152	77	106	100	68	40
021c	318	94	234	141	104	141	125	53
111d	211	94	109	57	63	94	56	52
111u	372	131	294	64	177	188	150	68
030t	117	9	66	42	117	43	58	11
030c	4	3	0	3	1	3	5	2
201	77	30	27	3	16	22	11	16
120d	68	15	41	11	35	38	37	15
120u	96	30	86	20	70	92	68	17
120c	35	10	14	6	10	11	21	10
210	68	23	63	9	33	41	40	16
300	51	31	55	12	29	42	38	19

社会讨论网络中，大多数专业运动员群体中三人中任何两人间都不讨论有关收入、专业、婚恋方面的话题。另外，三个专业运动员中主要是其中两人有社会讨论关系，三人中两两之间有社会讨论关系的情况极少甚至没有，说明专业运动员的社会讨论关系很难在三人中传递，因而他们的观念难以进行有效的交流和碰撞。

2. 模块性指标

表 5-7 列出了专业运动员社会网络社群结构探测的最优模块性指标 Q。除社会交往支持网络及就业支持网络外，其他所有社会网络的 Q 均大于 0.8，说明社群结构在专业运动员社会网络中广泛存在。

表 5-7 专业运动员模块性指标

社会网络	Q
A	0.8011
B	0.8392
C	0.7899

续表

社会网络	Q
D	0.7991
E	0.8147
F	0.8406
G	0.8577
H	0.8367

社会讨论网络的 Q 一般大于社会支持网络，表明对涉及个人隐私的问题，专业运动员往往只和社群内部的人讨论，而不愿意和其他社群成员交流。总之，个人天赋、性格的不同，成长过程的差异，以及教育和自身要求与修养的水平自然会造成专业运动员个体的差异，这种差异决定专业运动员群体的社会网络结构也不可能完全相同。

第四节　专业运动员整体网络宏观结构

专业运动员的社会支持网络和社会讨论网络成员在很大程度上会重叠，两种类型的网络是否相互嵌入可通过传统的社会网络来分析。从整体上揭示了两大类网络的嵌入性之后，再通过网络密度等指标来分别分析社会支持网络和社会讨论网络的宏观结构。复杂网络分析主要揭示小世界特征，小世界特征（宏观结构）是在三方关系（中观结构）的基础上，计算两个特征指标（聚类系数与平均路径长度），并通过与相同规模、相同关系的随机网络的指标相对比，来揭示专业运动员社会网络的关系传播特点。

一、嵌入性结构分析

本书采用嵌入性分析方法中的二次指派程序（quadratic assignment procedure，QAP）方法检验两个关系矩阵的相关性。QAP 是一种以重新抽样为基础的方法，在社会网络中已经得到广泛应用。在具体计算时，QAP 对两个矩阵中各元素的相似性进行比较，给出两个矩阵之间的相关系数，对相关系数进行非参数检验，并计算随机置换后的相关系数大于实际相关系数的概率。其思想是，把每个矩阵中的所有取值看作一个长向量，每个向量包含 $n(n-1)$ 个数字（不考虑对角线的数字），然后计算两个向量之间的相关系数。如果概率小于 0.05，则两个矩阵之间存在相关关系。相关系数的计算采用 UCINET 软件完成。表 5-8 列出了专业运动员社会网络相关性。

表 5-8　专业运动员社会网络相关性

	AA	BB	CC	DD	EE	FF	GG	HH
AA	1	0.641	0.670	0.515	0.557	0.622	0.633	0.568
BB	0.641	1	0.667	0.543	0.591	0.638	0.646	0.670
CC	0.670	0.667	1	0.551	0.559	0.635	0.622	0.591
DD	0.515	0.543	0.551	1	0.520	0.507	0.511	0.517
EE	0.557	0.591	0.559	0.520	1	0.588	0.574	0.563
FF	0.622	0.638	0.635	0.507	0.588	1	0.750	0.647
GG	0.633	0.646	0.622	0.511	0.574	0.750	1	0.641
HH	0.568	0.670	0.591	0.517	0.563	0.647	0.641	1

注：计算过程随机变换次数为 5000，且所有的 p 值均为 0.000，输出的 Prop≥0（这些随机计算出来的相关系数大于或等于实际相关系数）的概率均为 0.000，Prop<0（这些随机计算出来的相关系数小于实际相关系数）的概率均为 1.000

从表 5-8 可以看出，专业运动员社会网络之间存在显著的相关关系，表明在八个性质的社会网络中都有重叠成员，专业运动员社会支持网络和社会讨论网络之间也有很强的相关性，表明社会支持网络成员中有相当一部分也是社会讨论网络成员。

二、密度结构分析

表示整体网络结构特征的指标主要是密度。有向网络中，密度为 $d = \dfrac{\sum_{i=1}^{n}\sum_{j=1}^{n}X_{ij}}{n(n-1)}$，其中，$n$ 为网络规模。密度可以从关系总量上表示网络成员的关系疏密程度。密度越大，网络成员间的关系越密集。表 5-9 列出了专业运动员社会网络密度。

表 5-9　专业运动员社会网络密度

社会网络	密度
A	0.0275
B	0.0159
C	0.0226
D	0.0127
E	0.0186
F	0.0197
G	0.0186
H	0.0122

从表 5-9 可以看到，专业运动员社会网络的关系密集程度不同。在五个社会支持网络中，实际支持网络和社会交往支持网络的密集程度较高，然后依次是成就支持网络、情感支持网络、就业支持网络。在三个社会讨论网络中，对于收入话题的讨论密度较高，其次是对于专业话题的讨论，而对于婚恋话题的讨论密度较低。总体而言，无论是社会支持网络还是社会讨论网络，专业运动员的情感支持和交流都很缺乏。

三、世界结构特征理论分析

小世界网络揭示了真实世界行动者之间最有效的信息传递方式，是指网络中包含着高度聚集的节点局部连接的子网，从而有助于节点间存在短路径，提高信息传递效率。目前，小世界网络还没有精确的定义，一般认为，如果网络中两节点间平均路径长度 L 随网络节点数量 n 呈对数增长，即 $L \propto \ln n$，则称该网络为小世界网络。聚类系数和平均路径长度是目前考察小世界网络的两个重要特征指标。

聚类系数反映网络节点的聚集程度，是指与同一节点相连的另外两个节点间也相连的可能性。聚类系数越大，网络成员间的关系就越稳定。平均聚类系数为

$$C = \frac{1}{n}\sum_{i=1}^{n}\sum_{j,l\in\Gamma_i}\frac{x(j,l)}{\#\Gamma_i(\#\Gamma_i-1)/2} \qquad (5-18)$$

其中，若 $j \in \Gamma_l$，则 $x(j,l)=1$；若 $j \notin \Gamma_l$，则 $x(j,l)=0$。Γ_i 为 i 的朋友集；$\#\Gamma_i$ 为 i 的朋友数量；n 为网络规模。

平均路径长度是指整体网络中一个个体平均经过多少步才能到达另一个个体。定义节点 i 与节点 j 间的最短距离为 $d(i,j)$，则平均路径长度为

$$L = \frac{1}{n}\sum_{i=1}^{n}\sum_{j\neq i}\frac{d(i,j)}{n-1} \qquad (5-19)$$

小世界网络是从规则网络向随机网络过渡的中间网络形态。聚类系数与平均路径长度这两个静态几何量能够很好地反映规则网络与随机网络的性质及其差异。规则网络的特征是聚类系数大且平均路径长，随机网络的特征是聚类系数小且平均路径短。小世界网络的特征是聚类系数大且平均路径短。聚类系数反映关系传播的广度，平均路径长度则体现关系传播的深度。表 5-10 和表 5-11 分别列出了专业运动员社会网络的聚类系数和平均路径长度。

表 5-10　专业运动员社会网络聚类系数

社会网络	局部聚类系数	传递性聚类系数
A	0.405	0.298
B	0.352	0.320
C	0.382	0.331
D	0.370	0.221
E	0.427	0.313
F	0.423	0.375
G	0.423	0.411
H	0.387	0.347

表 5-11　专业运动员社会网络平均路径长度

社会网络	平均路径长度
A	5.663
B	4.025
C	4.672
D	3.138
E	2.781
F	3.059
G	2.911
H	2.967

从表 5-10 和表 5-11 可以看出，专业运动员社会讨论网络具有明显的小世界特征，而社会支持网络虽聚类系数大，但平均路径较长。这种特征表明，收入讨论、专业讨论、婚恋讨论在专业运动员社会网络中会迅速传播，但平均路径较短，传播范围较小。相比之下，社会支持网络平均路径较长，传播范围较广。最隐私的讨论平均路径最短，传播速度可能更快。在五个社会支持网络中，成就支持网络的平均路径是最短的，说明在专业运动员中对于专业技术的支持较好，大家交流较多，这与社会讨论网络中专业讨论网络的平均路径较短相符。

第五节　本章小结

（1）专业运动员社会网络微观结构显示，无论是社会支持网络还是社会讨论网络，都有一部分专业运动员与其他队员没有联系，他们在群体中没有权力，难以获得网络资源。由于对资源的获取与专业运动员之间的观念交流相比要急切，专业运动员的社会支持网络的中心性整体上高于社会讨论网络。就社会支持网络而言，实际支持网络和社会交往支持网络的中心性高于情感支持网络，原因是向前者投入精力的回报相对更大，情感支持不足是专业运动员队伍存在的主要问题。在社会讨论网络方面，收入和专业性是主要的讨论话题，婚恋话题的讨论相对较少，与专业运动员年龄及运动训练中心的相关规定有关。部分专业运动员在群体交往中扮演"信息桥"的角色，在网络资源获取或观念传播中起到支配作用。

（2）专业运动员社会网络中观结构显示，专业运动员小团体结构稀疏，社会讨论主要发生在有社会支持关系的小群体间。社会支持网络的派系多于社会讨论网络，重叠成员也是社会支持网络占比较多，派系重叠成员比其他成员更为活跃。无论社会支持网络还是社会讨论网络，都有部分专业运动员处于相对孤立状态，既不与相同结构位置的成员交流，也不主动与其他群体沟通，仅仅被动地接受，处于被支配地位。社会讨论网络比社会支持网络更易形成小团体。

（3）专业运动员社会网络宏观结构表明，社会支持网络之间、社会讨论网络之间以及社会支持网络和社会讨论网络之间存在嵌入性，即相关性。总体而言，专业运动员在寻求社会支持或社会讨论时较主动、活跃，而在接受社会支持或社会讨论时较被动。同时，专业运动员社会网络中存在小世界特征，社会讨论网络比社会支持网络更为明显。小世界特征反映专业运动员社会网络中存在丰富的局部连接和很少的随机长距离连接，说明社会关系中存在短路径，尤其是社会讨论网络，这种短路径有利于专业运动员个体之间迅速建立社会支持关系。

（4）专业运动员的复杂社会网络研究可以看出，专业运动员社会交往具有自组织特点，少数专业运动员在人际交往中处于优势地位，拥有更多的社会关系，在交往过程中会形成不同的小团体，多数为小规模群体，小世界网络依然存在。

第六章 基于矩阵分布的贝叶斯网络分析模型与算法

第一节 基于矩阵分布/矩阵过程的贝叶斯网络分析模型

基于矩阵分布/矩阵过程的贝叶斯网络分析模型如图 6-1 所示。

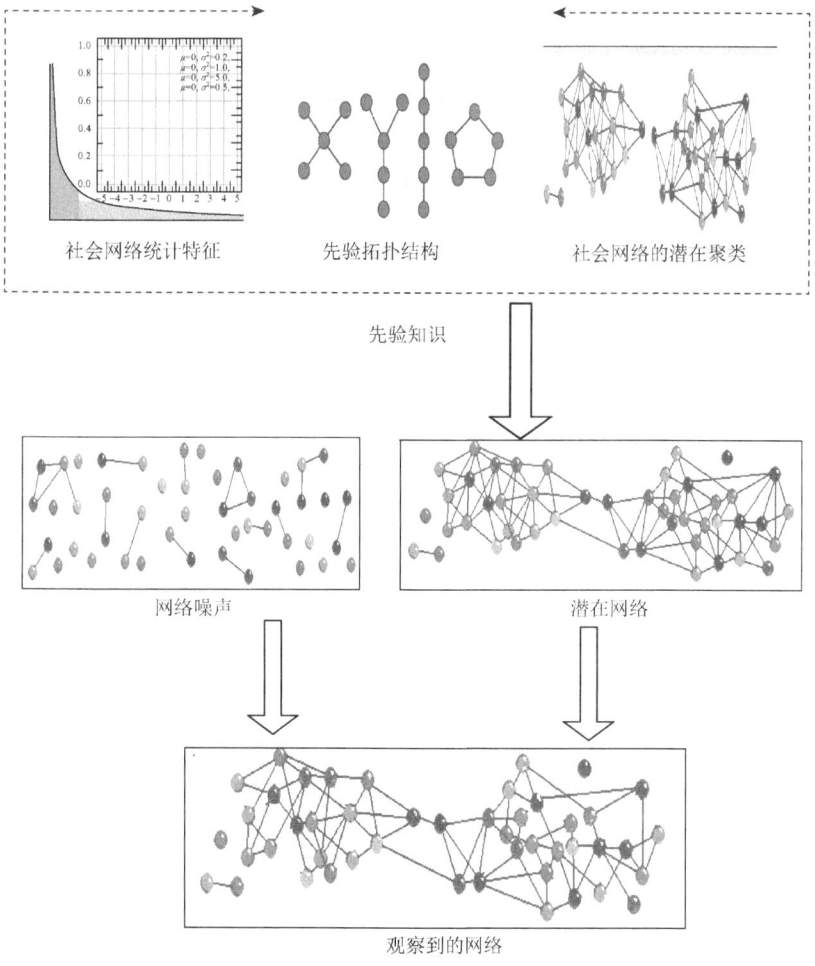

图 6-1 基于矩阵分布/矩阵过程的贝叶斯网络分析模型

底层为观察到的网络,其服从某一矩阵分布;中间层左边为网络噪声,右边为潜在网络,二者共同影响观察到的网络;顶层描述了社会网络的所有先验知识:包括社会网络统计特征、先验拓扑结构、社会网络的潜在聚类。

基于矩阵分布/矩阵过程的贝叶斯网络分析模型理论上能够有效发现社会网络中的社区结构,但是在如何解释这种网络社区结构方面显得有些不足。将网络看作个体节点的隶属结构与个体自身特性共同作用产生的结果,本书对个体节点的隶属矩阵和个体自身特性加权后进行回归分析,结合网络自身的属性特征和潜在矩阵分布来学习网络的社区结构。

第二节 稀疏矩阵高斯过程模型

利用网络中边的属性信息,可以建立如下边和属性间的关系模型:

$$x_{ij} = \beta' r_{ij} + m_{ij} \tag{6-1}$$

其中,βr_{ij} 为线性回归模型;β 为回归权重;m_{ij} 为隐藏交互关系变量,并且 m_{ij} 为矩阵 M 中的第 (i,j) 个元素,矩阵 M 由一个隐藏矩阵 U 决定;x_{ij} 为边对应的隐藏变量,与边的变量 y_{ij} 不同,x_{ij} 是连续型变量。

M 在给定 U 后的表达式如下:

$$p(M|U) = GP_{n,n}(M;0,K,G)$$
$$= (2\pi)^{-\frac{n^2}{2}} |K|^{-\frac{n}{2}} |G|^{-\frac{n}{2}} \exp\left\{-\frac{1}{2}\text{Tr}(K^{-1}MG^{-1}M')\right\} \tag{6-2}$$

其中,$K_{ij} = K_1(u_i, u_j), G_{ij} = K_2(u_i, u_j)$;$|\ |$ 代表计算矩阵行列式;K_1、K_2 为非线性的核函数。具体定义为 $K_i(u_i, u_j) = \phi(u_i)\phi(u_j)$,其中,$u_i$ 为 $d \times 1$ 的向量,d 为隐藏社区数量,$\phi(\ )$ 为非线性映射。这样可以定义矩阵 M 和 U 之间的关系:

$$M = U'WU \tag{6-3}$$

其中,矩阵 W 为已知量,可以赋予 W 一个矩阵高斯先验:

$$W \sim N_{d,d}(W;0,\Omega_{\text{row}},\Omega_{\text{col}}) \tag{6-4}$$

其中,Ω_{row}、Ω_{col} 分别为行协方差矩阵和列协方差矩阵。

一、Probit 模型

Probit 模型表明,边的隐藏变量 x_{ij} 通过一个中间变量 z_{ij} 建立与边的变量 y_{ij} 之间的联系:

$$p(y_{ij}|z_{ij}, x_{ij}) = \{\delta(y_{ij}=1)\delta(z_{ij}>0)\} + \{\delta(y_{ij}=0)\delta(z_{ij}\leq 0)\} \tag{6-5}$$

$$p(z_{ij}|x_{ij}) = N(z_{ij}|x_{ij},1) \tag{6-6}$$

对于关系矩阵 U，由于网络的稀疏性，可以赋予 U 一个拉普拉斯先验：

$$p(U) = \prod_i \exp(-\lambda u_i) \tag{6-7}$$

至此，根据贝叶斯理论得到所有变量的联合分布，也就是稀疏矩阵高斯过程模型：

$$P(Y,Z,M,\beta,U) = \prod_{1 \leqslant i,j \leqslant n} p(y_{ij}|z_{ij},x_{ij}) p(z_{ij}|x_{ij}) p(\beta) p(M|U) p(U) \tag{6-8}$$

稀疏矩阵高斯过程模型如图 6-2 所示，r 和 Y 是观测变量，分别代表属性和边（邻接矩阵），其他参数是待学习的参数，其中，β 是回归权重，也是本书分析影响网络形成因素的理论基础。

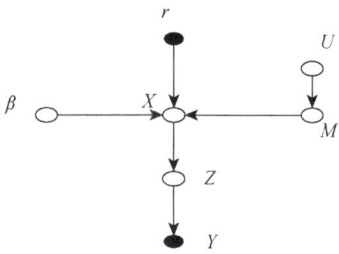

图 6-2 稀疏矩阵高斯过程模型

二、模型优化

由于稀疏矩阵高斯过程模型形式复杂，采用变分期望最大算法求解该模型。具体分为求期望（E-step）和最大化期望（M-step）两步。其中，求期望分为如下三个迭代过程。

（1）

$$q(\text{vec}(M^{-1})) = N\left(\text{vec}(M), \sum\nolimits_M\right)$$

$$\sum\nolimits_M = K \otimes K(I + K \cdot K)^{-1}$$

$$\text{vec}(M^{-1}) = \sum\nolimits_M \text{vec}(Z - p^t)$$

（2）

$$q(z_{ij}) \propto N(m_{ij} + \beta^t r_{ij}, 1)\delta(z_{ij} > 0)$$

$$x_{ij} = m_{ij} + \beta^t r_{ij}$$

$$z_{ij} = x_{ij} + \frac{(2y_{ij}-1)N(0,1)}{\Phi((2y_{ij}-1)m_{ij})}$$

其中，$\Phi(\ )$ 为标准高斯分布的累计积分运算。

（3）

$$q(\beta) = N\left(\beta, \sum\nolimits_{\beta}\right)$$

$$\sum\nolimits_{\beta} = \left(\sum_{i,j} r_{ij} r_{ij}^{\mathrm{T}} + \sigma_{\beta}^{-2} I\right)^{-1}$$

$$\beta = \sum_{\beta} \sum_{i,j} (z_{ij} - m_{ij}) r_{ij}$$

对于最大化期望运算，本书的目标是

$$\max_U E_q \left[\ln p(Y,Z,M,\beta|U) p(U)\right]$$

要使上式最大，需要满足

$$\max_U f(U) = -n\ln|K| - \frac{1}{2}\mathrm{Tr}(K^{-1}MK^{-1}M')$$
$$-\frac{1}{2}\mathrm{Tr}\left(K^{-1} \otimes K^{-1} \sum\nolimits_M\right) - \lambda U_1$$

如果让式（6-2）中的 $K = G$，则最大化过程为

$$\frac{\partial f}{\partial u_{ir}} = -n\mathrm{Tr}\left(K^{-1} \frac{\partial K}{\partial u_{ir}}\right)$$
$$+ \frac{1}{2}\mathrm{Tr}\left[K^{-1} \frac{\partial K}{\partial u_{ir}} K^{-1} (\bar{M} K^{-1} \bar{M}^{-1} + \bar{M} K^{-1} \bar{M})\right]$$
$$+ \frac{1}{2}\mathrm{Tr}\left(K^{-1} \frac{\partial K}{\partial u_{ir}} K^{-1} \otimes K^{-1} \cdot \sum\nolimits_M\right)$$
$$+ \frac{1}{2}\mathrm{Tr}\left(K^{-1} \otimes K^{-1} \frac{\partial K}{\partial u_{ir}} K^{-1} \sum\nolimits_M\right)$$

第三节 本章小结

本章针对专业运动员社会网络的特征，结合统计机器学习分析理论，建立适合专业运动员社会网络分析的稀疏矩阵高斯过程模型，并对其进行算法优化。该模型有效地描述了节点间的相互关联性，以及非线性互动关系，从而更有效地分析节点个体中心网络及整体网络的结构。同时，结合网络中的个体属性特征，作为社会网络分析算法的补充。

第七章　专业运动员社会网络节点因素分析及个体中心网络的缺省联结关系预测

本章对专业运动员的社会网络节点因素进行分析，主要描述专业运动员社会网络中各节点的权重，验证专业运动员社会网络形成的影响因素，以此作为形成社区的基础。

第一节　专业运动员社会网络节点的基本概念

社会网络分析中的节点（node）可以是任何一个社会单位或者社会实体，可以是个体、公司或者社会单位，也可以是一个教研室、学院、学校，还可以是一个村落、组织、城市、国家等。关于节点的信息必须是实际的信息，可用常规方法进行收集。信息可以是动态的，也可以是静态的。

首先，节点间的关系类型多样，可以是朋友关系、上下级关系、国家之间的贸易关系，也可以是城市之间的距离关系、邻里关系等，它根据学者的关注点进行定义。其次，节点间的关系多元。通常网络数据只关注一种关系，但有时候也研究多种关系。例如，两个学生之间可能同时存在同学关系、友谊关系、恋爱关系等；两个国家之间可能存在贸易关系、外交关系、文化往来关系等。对多元关系网络的研究，特别是整体网络的研究，是当今社会网络分析中最具潜力的前沿领域。社会网络研究者利用多维量表（multidimensional scaling，MDS）、矩阵代数（matrix algebra）、聚类分析（cluster analysis）等多种方法来研究多元关系网络数据。也有很多学者利用概率论、数理统计技术以及计算机技术研究网络变量的统计性质，构建多种网络模型。最后，研究的重点不同，关注的关系也不同。如果研究整体网络，即研究所有节点间的关系，则需要分析具有整体意义的关系的各种特征，如互惠性、关系的传递性。如果研究个体中心网络，即关注个体节点，则需要分析个体中心网络的一些关系特征，如关系的密度、同质性。

在社会网络的研究中，由于研究对象具有复杂性，受到很多条件的约束，如节点的异质性与不可分离性、发展过程的不可逆性，以及测量的非精确性，研究工作多为定性描述，思辨内容居多，涉及精神层面的知识和行为的量化相对困难，因而需要新的研究工具和方法。

目前，复杂社会网络的研究重点集中在网络特征的描述。中心性是社会网络微观结构特性之一，也是社会网络分析的重点之一。计算机与软件技术的发展为社会网络的研究提供了新思路，社会网络研究正在逐步向社会科学研究拓展。建立模型是解释和研究社会网络的一种手段，通过简单而直接的方式表达复杂社会网络结构与节点的相互作用，可以让学者在更为有利的环境下进行问题探讨。

第二节 专业运动员社会网络节点的因素分析

一、成就支持网络

对于成就支持网络，本书共提取 23 个因子并将其分类，分别为运动级别、家庭经济状况、教育程度、家庭来源、帮助者、性别、从事运动项目、运动年限、SCL90 指标共九类，如表 7-1 所示。这些因子涵盖了专业运动员在训练、学习过程中对其专业成就可能产生影响及贡献的因子以及基本信息。SCL90 指标的 10 个因子主要是对运动员当下心理状态的评定，包括敌对、焦虑、精神病性、恐怖、偏执、其他、强迫症状、躯体化、人际关系敏感、抑郁共 10 个心理状态。

表 7-1 成就支持网络因子分析

因子	说明	因子编号
achievement	运动级别	0
economy	家庭经济状况	1
education	教育程度	2
hometown	家庭来源	3
KL-achieve	帮助者	4~9
sex	性别	10
sports	从事运动项目	11
year	运动年限	12
SCL90	SCL90 指标	13~22

注：因子 4~9 指的是家人、亲属、同学或朋友、队友、教练、其他，因子 13~22 指的是敌对、焦虑、精神病性、恐怖、偏执、其他、强迫症状、躯体化、人际关系敏感、抑郁

如图 7-1 所示，因子 3 家庭来源、因子 10 性别对成就支持网络的影响几乎为零，可以认为在成就支持网络中专业运动员是男性或女性以及来自一线城市、城镇或者农村对于他们成绩的取得影响不大。因子 0 运动级别、因子 1 家庭经济状况、因子 7 队友、因子 8 教练、因子 9 其他、因子 11 从事运动项目、因子 12 运

动年限以及 SCL90 指标的相关因子对成就支持网络产生正面影响。其中，队友和教练对于成就的影响是最大的，这与专业运动员长期封闭训练有关；在 SCL90 指标的相关因子中，敌对会产生较大的正面影响，说明专业运动员的竞争意识较强。因子 2 教育程度、因子 4 家人、因子 5 亲属则对成就支持网络产生负面影响，专业运动员认为教育程度以及家人和朋友与运动成绩的取得之间关系不大；在 SCL90 指标的相关因子中，人际关系敏感或者躯体化会对运动成绩产生较大负面影响。

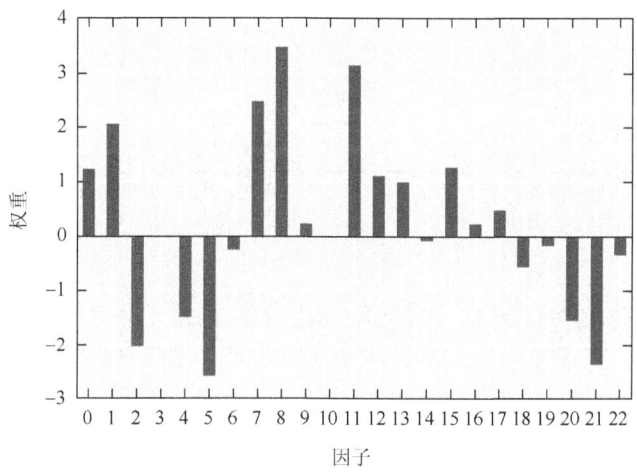

图 7-1　成就支持网络因子分析

二、婚恋支持网络

对于婚恋支持网络，本书共提取 24 个因子并将其分类，分别为教育程度、家庭来源、目前是否恋爱、恋爱的影响、队内是否恋爱、是否可以恋爱、婚恋谈论、性别、从事运动项目、SCL90 指标共十类，如表 7-2 所示。这些因子涵盖了专业运动员在婚姻、恋爱过程中对其可能产生影响及贡献的因子以及基本信息。其中，SCL90 指标的 10 个因子主要是对专业运动员当下心理状态的评定，包括敌对、焦虑、精神病性、恐怖、偏执、其他、强迫症状、躯体化、人际关系敏感、抑郁等心理状态。

表 7-2　婚恋支持网络因子分析

因子	说明	因子编号
education	教育程度	0
hometown	家庭来源	1

续表

因子	说明	因子编号
in-love	目前是否恋爱	2
love-affect	恋爱的影响	3
love-teammates	队内是否恋爱	4
love-yes or no	是否可以恋爱	5
marriage-discuss	婚恋谈论	6~11
sex	性别	12
sports	从事运动项目	13
SCL90	SCL90指标	14~23

注：因子6~11指的是亲属、家人、教练、队友、同学或朋友、其他，因子14~23指的是敌对、焦虑、精神病性、恐怖、偏执、其他、强迫症状、躯体化、人际关系敏感、抑郁

如图7-2所示，绝大多数专业运动员认为24个因子会对婚恋支持网络产生正面影响，其中，因子1家庭来源、因子4队内是否恋爱对婚恋支持网络几乎没有影响，但在访谈过程中发现基于运动训练中心的相关规定，专业运动员对于这个问题采取的态度往往是回避。从实际的结果发现，因子3恋爱的影响对婚恋支持网络的影响力是很大的，婚恋谈论的影响因子显示为家人和队友，同时从事运动项目对婚恋支持网络产生的正面影响较大，产生负面影响最大的因子为人际关系敏感。

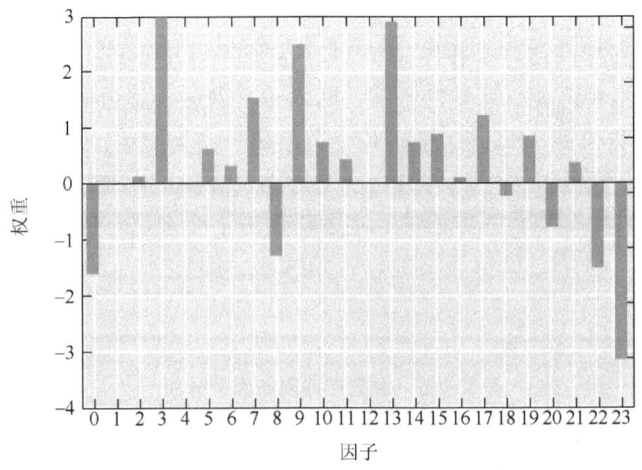

图7-2 婚恋支持网络因子分析

三、就业支持网络

对于就业支持网络，本书共提取 22 个因子并将其分类。这些因子涵盖对专业运动员就业过程及就业结果可能产生影响及贡献的因子以及基本信息，包括教练、家庭经济状况、教育程度、家庭来源、教练能否提供帮助、性别、从事运动项目、队友能否提供帮助、运动年限、SCL90 指标，如表 7-3 所示。

表 7-3 就业支持网络因子分析

因子	说明	因子编号
coach	教练	0、1
economy	家庭经济状况	2
education	教育程度	3
hometown	家庭来源	4
instructor	教练能否提供帮助	5、6
sex	性别	7
sports	从事运动项目	8
teammates	队友能否提供帮助	9、10
year	运动年限	11
SCL90	SCL90 指标	12~21

注：因子 0 和 1 分别指的是教练和其他工作人员，因子 12~21 指的是敌对、焦虑、精神病性、恐怖、偏执、其他、强迫症状、躯体化、人际关系敏感、抑郁

如图 7-3 所示，教练、家庭经济状况、队友能否提供帮助以及从事运动项目会对就业支持网络产生较大的正面影响，而人际关系敏感等心理状态的相关问题会对就业支持网络产生负面影响。其中，较为突出的是家庭经济状况对于就业支持网络的影响。绝大多数专业运动员认为家庭经济状况对于就业支持网络的影响较大。这可能与目前我国整体就业难的大趋势有关，从而产生专业运动员再就业等相关问题。我国各级体育人力资源管理部门对专业运动员也在进行职业规划、就业前的培训等各项工作，以帮助专业运动员就业。

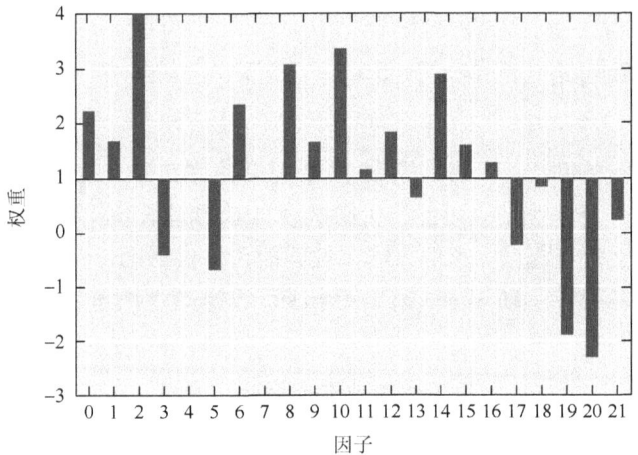

图 7-3 就业支持网络因子分析

四、情感支持网络

对于情感支持网络,本书共提取 20 个因子并将其分类。这些因子涵盖了对专业运动员情感支持网络产生影响及贡献的因子以及基本信息,包括倾诉的人、家庭来源、性别、从事运动项目、运动年限、SCL90 指标,如表 7-4 所示。

表 7-4 情感支持网络因子分析

因子	说明	因子编号
emotion	倾诉的人	0~5
hometown	家庭来源	6
sex	性别	7
sports	从事运动项目	8
year	运动年限	9
SCL90	SCL90 指标	10~19

注:因子 0~5 指的是家人、亲属、队友、同学或朋友、教练、其他,因子 10~19 指的是敌对、焦虑、精神病性、恐怖、偏执、其他、强迫症状、躯体化、人际关系敏感、抑郁

如图 7-4 所示,在遇到情感问题需要倾诉时,往往会寻求朋友的支持这个因子对于情感支持网络的贡献较大,同时从事运动项目会对情感支持网络产生较大的正面影响,产生较大负面影响的是人际关系敏感。

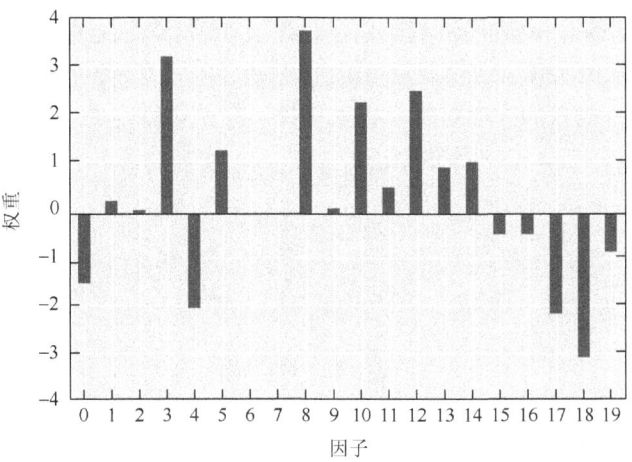

图 7-4 情感支持网络因子分析

五、社会收入支持网络

对于社会收入支持网络，本书共提取 35 个因子并将其分类。这些因子涵盖了对专业运动员社会收入支持网络产生影响及贡献的因子以及基本信息，包括家庭经济状况、教育程度、平均月收入、家庭来源、与谁讨论待遇问题、经济投入的方向、性别、从事运动项目、对待遇的看法、运动年限、SCL90 指标，如表 7-5 所示。

表 7-5 社会收入支持网络因子分析

因子	说明	因子编号
economy	家庭经济状况	0
education	教育程度	1
income	平均月收入	2
hometown	家庭来源	3
KL-money-discuss	与谁讨论待遇问题	4~9
KL-spend-money	经济投入的方向	10~15
sex	性别	16
sports	从事运动项目	17
treatment	对待遇的看法	18~23
year	运动年限	24
SCL90	SCL90 指标	25~34

注：因子 4~9 指的是家人、亲属、同学或朋友、队友、教练、其他，因子 10~15 指的是工资水平、奖励水平、伙食水平、医疗水平、伤害保险、就业安置，因子 18~23 指的是非常好、较好、好、一般、差、非常差，因子 25~34 指的是敌对、焦虑、精神病性、恐怖、偏执、其他、强迫症状、躯体化、人际关系敏感、抑郁

如图 7-5 所示，家庭经济状况以及从事运动项目对社会收入支持网络产生较大正面影响。教育程度以及人际关系敏感对社会收入支持网络产生负面影响。平均月收入、经济投入的方向对社会收入支持网络的贡献不大。

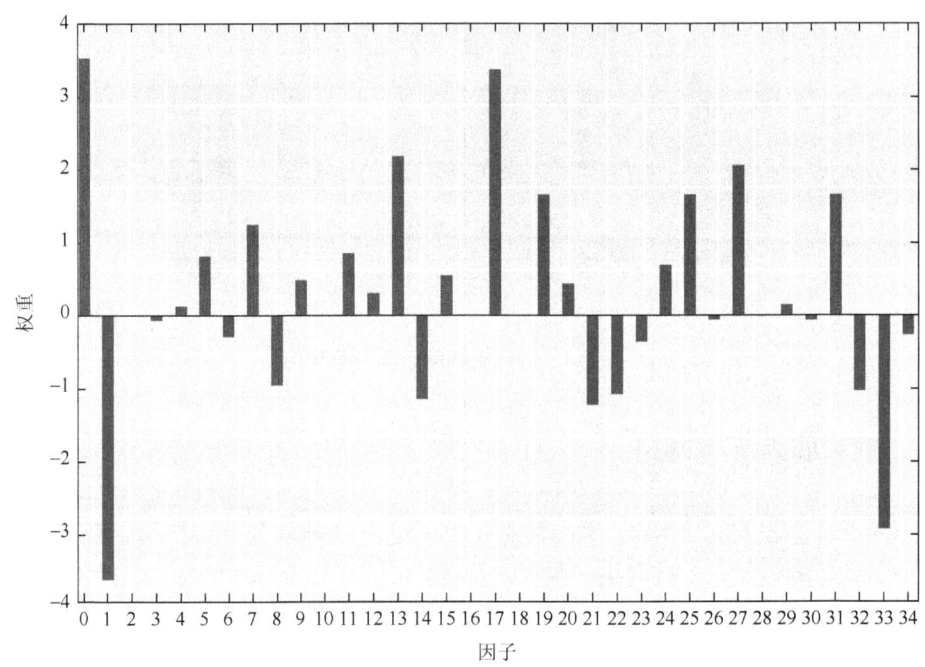

图 7-5　社会收入支持网络因子分析

六、实际支持网络

对于实际支持网络，本书共提取 20 个因子并将其分类。这些因子涵盖了对专业运动员实际支持网络产生影响及贡献的因子以及基本信息，包括向什么人求助、家庭来源、性别、从事运动项目、运动年限、SCL90 指标六类因子，如表 7-6 所示。

表 7-6　实际支持网络因子分析

因子	说明	因子编号
call for help	向什么人求助	0～5
hometown	家庭来源	6
sex	性别	7
sports	从事运动项目	8
year	运动年限	9
SCL90	SCL90 指标	10～19

注：因子 0～5 指的是家人、亲属、同学或朋友、队友、教练、其他，因子 10～19 指的是敌对、焦虑、精神病性、恐怖、偏执、其他、强迫症状、躯体化、人际关系敏感、抑郁。

如图 7-6 所示，因子 8 从事运动项目对实际支持网络产生较大的正面影响，因子 12 精神病性、因子 16 强迫症状也会对实际支持网络产生正面影响，因子 9 运动年限、因子 17 躯体化则会对实际支持网络产生较大的负面影响。

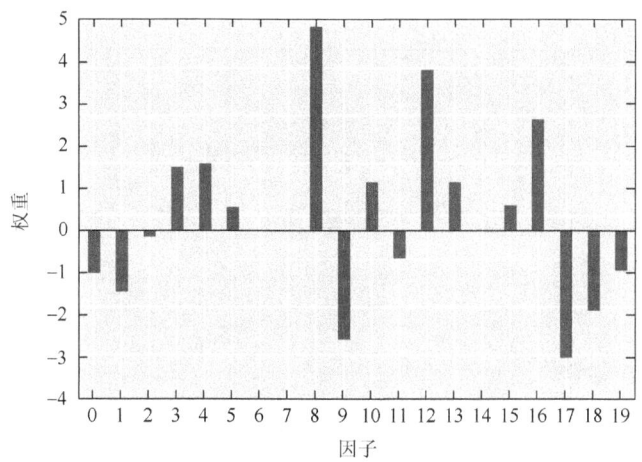

图 7-6 实际支持网络因子分析

七、专业讨论网络

对于专业讨论网络，本书共提取 29 个因子并将其分类。这些因子涵盖了对专业运动员专业讨论网络产生影响及贡献的因子以及基本信息，包括教育程度、向什么人求助、对队内管理的看法、从事运动项目、性别、运动年限、SCL90 指标七类因子，如表 7-7 所示。

表 7-7 专业讨论网络因子分析

因子	说明	因子编号
education	教育程度	0
call for help	向什么人求助	1～6
opinion	对队内管理的看法	7～15
sports	从事运动项目	17
sex	性别	16
year	运动年限	18
SCL90	SCL90 指标	19～28

注：因子 1～6 指的是家人、亲属、同学或朋友、教练、队友、其他，因子 7～15 指的是训练安排、训练目标、选拔与奖惩、突发事件处理、教练员决策、思想教育重视程度、文化教育投入比例、生活管理、退役安置，因子 19～28 指的是敌对、焦虑、精神病性、恐怖、偏执、其他、强迫症状、躯体化、人际关系敏感、抑郁

如图 7-7 所示，因子 17 从事运动项目、因子 4 向教练求助会对专业讨论网络产生较大的正面影响，不同的运动项目以及教练对专业讨论网络所产生的影响是不同的。因子 0 教育程度以及因子 27 人际关系敏感则会对专业讨论网络产生较大的负面影响。

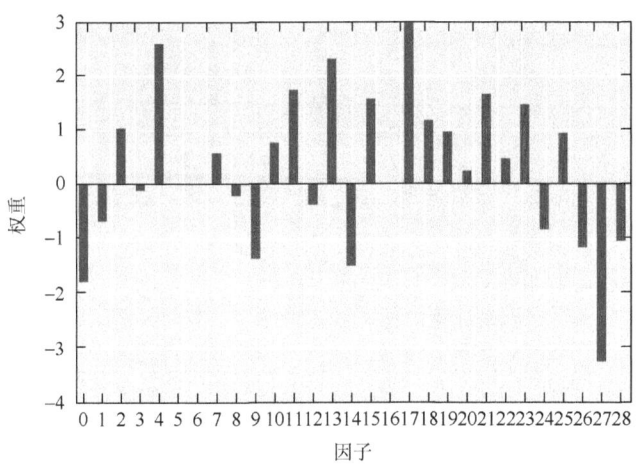

图 7-7　专业讨论网络因子分析

八、社会交往支持网络

对于社会交往支持网络，本书共提取 22 个因子并将其分类。这些因子涵盖了对专业运动员社会交往支持网络产生影响及贡献的因子以及基本信息，包括家庭经济状况、教育程度、家庭来源、性别、平时和哪些人交流、从事运动项目、运动年限、SCL90 指标八类因子，如表 7-8 所示。

表 7-8　社会交往支持网络因子分析

因子	说明	因子编号
economy	家庭经济状况	0
education	教育程度	1
hometown	家庭来源	2
sex	性别	3
social_network	平时和哪些人交流	4～9
sports	从事运动项目	10
year	运动年限	11
SCL90	SCL90 指标	12～21

注：因子 4～9 指的是家人、亲属、同学或朋友、队友、教练、其他，因子 12～21 指的是敌对、焦虑、精神病性、恐怖、偏执、其他、强迫症状、躯体化、人际关系敏感、抑郁

如图7-8所示，因子0家庭经济状况、因子7平时和队友交流以及因子10从事运动项目会对社会交往支持网络产生较大的正面影响，教育程度也对社会交往支持网络有较大贡献，但显示为负面影响。同时，SCL90指标中的人际关系敏感也会对社会交往支持网络产生较大的负面影响。

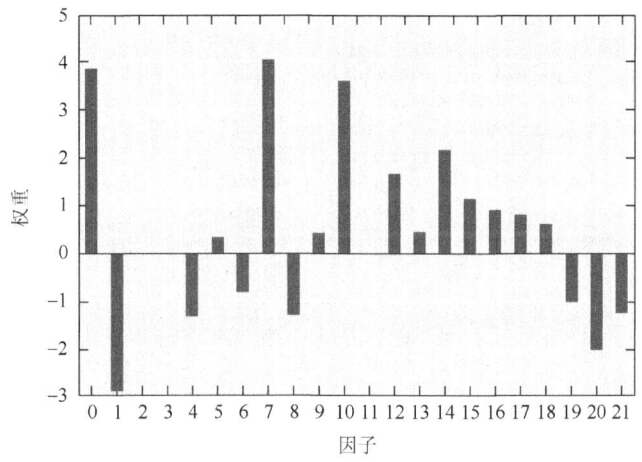

图7-8 社会交往支持网络因子分析

采用前面所建立的基于矩阵分布的贝叶斯网络分析模型，针对问卷支撑的八个网络，可以分析专业运动员群体人际关系网络，并对其邻接关系进行预测。

第三节 问题描述

基于2015年本书第二次回收的144份有效调查问卷，对成就支持网络、婚恋支持网络、就业支持网络、情感支持网络、社会收入支持网络、实际支持网络、专业讨论网络、社会交往支持网络八种网络关系进行分析。关系数据矩阵可以看作训练集和测试集的集合，利用五重交叉验证对事件集进行随机划分，得到不同的训练集和测试集，在所有节点中任选两个节点，即在20736个事件中任取一个事件，利用基于矩阵分布的贝叶斯网络分析模型来预测节点的链路。

第四节 缺省链路预测

针对回收问卷的成就支持网络、婚恋支持网络、就业支持网络、情感支持网络、社会收入支持网络、实际支持网络、专业讨论网络、社会交往支持网络八个网络的支撑数据，通过多次平行实验，对专业运动员个体中心网络的关系矩阵中的缺省联结进行预测。图 7-9 为链路预测算法的运行结果截图。基于回收问卷的支撑数据，通过多次平行实验，把平均值作为真值的估计值，得到的准确性为 0.98，代表了算法本身系统误差。

```
print    predicted
probs = model. predict_proba (X_teat)
from   sklearn. metrics import classification_report
from   sklearn   import metrics
print   metrics.accuracy score(y_text,  predicted)
print   metrics.roc _auc_score(y_text,  probs[  :,  1])
print   metries: confsion matrix(y_test,  predicted)
print   metrics.classification report(y_text,  predicted)
```

[1. 0. 1. 0. 1. 0. 1. 0. 0. 0. 1. 1. 1. 0. 0. 1. 1. 1. 1.
1. 1. 1. 0. 1. 0. 0. 1. 0. 1. 0. 0. 1. 1. 0. 1. 1. 0. 1.
1. 1. 0. 0. 0. 0. 1. 0. 0. 0. 1. 0. 0. 0. 0. 1. 1. 0. 0.
1. 0. 1. 0. 1. 1. 1. 1. 1. 0. 0. 0. 1. 0. 1. 1. 1. 0. 0. 1.
0. 0. 0. 1. 1. 0. 1. 0. 1. 0. 1. 1. 1. 0. 0. 1. 1. 0.
0. 1. 0. 1. 1. 0. 0. 0. 0. 0. 1. 0. 0. 0. 0. 0. 0.
0. 1. 1. 1. 0. 0. 1. 1. 1. 0. 1. 0. 1. 0. 0. 0. 1.]

0.97810218981
0.9921108742
[[67   0]
[3   67]]

	precision	recall	f1-core	support
0.0	0.96	1.00	0.98	67
1.0	1.00	0.96	0.98	20
avg/total	0.98	0.98	0.98	137

图 7-9　链路预测算法运行结果截图

一、情感支持网络

预测事件向量 Predicted = [1. 0. 1. 0. 1. 0. 1. 0. 0. 0. 1. 1. 1. 0. 0. 1. 1. 1. 1. 1. 1. 0. 1. 0. 0. 1. 0. 1. 0. 0. 1. 1. 0. 1. 1. 0. 0. 1. 1. 0. 0. 0. 0. 1. 0. 0. 0. 1. 0. 0. 0. 0. 1. 1. 0. 0. 1. 0. 1. 0. 1. 1. 1. 1. 1. 1. 0. 0. 0. 1. 0. 1. 1. 1. 0. 0. 1. 0. 0. 0. 1. 1. 0. 1. 0. 1. 0. 1. 1. 1. 0. 0. 1. 1. 0. 0. 1. 0. 1. 1. 0. 0. 0. 0. 0. 1. 0. 0. 0. 0. 0. 0. 0. 1. 1. 1. 0. 0. 1. 1. 1. 0. 1. 0. 1. 0. 0. 0. 1.]。

混淆矩阵 = [[67 0] [3 67]]。

预测事件向量	精确率	召回率	F_1分数	支持向量
0.0	0.96	1.00	0.98	67
1.0	1.00	0.96	0.98	70
平均值/总和	0.98	0.98	0.98	137

准确性为 0.978102189781。

AUC[①] = 0.9921108742。

二、成就支持网络

预测事件向量 Predicted = [0. 1. 0. 0. 0. 0. 1. 0. 0. 0. 0. 0. 0. 0. 1. 1. 1. 0. 1. 0. 1. 0. 0. 1. 0. 0. 0. 1. 1. 1. 1. 0. 1. 0. 0. 1. 1. 1. 0. 1. 0. 1. 0. 1. 0. 1. 1. 1. 0. 0. 0. 1. 0. 1. 0. 0. 0. 0. 1. 0. 1. 0. 1. 0. 1. 0. 1. 1. 0. 1. 1. 0. 0. 0. 1. 0. 0. 0. 1. 0. 0. 1. 0. 1. 1. 1. 0. 1. 1. 1. 1. 0. 0. 1. 0. 1. 0. 1. 1. 0. 0. 0. 0. 1. 0. 0. 1. 0. 1. 0. 1. 0. 1. 0. 1. 1. 0. 1. 0. 1. 0. 1. 1.]。

混淆矩阵 = [[79 0] [6 75]]。

预测事件向量	精确率	召回率	F_1分数	支持向量
0.0	0.93	1.00	0.96	79
1.0	1.00	0.93	0.96	81
平均值/总和	0.97	0.96	0.96	160

准确性为 0.9625。

AUC = 0.999843725582。

三、婚恋支持网络

预测事件向量 Predicted = [1. 0. 0. 0. 0. 0. 1. 0. 1. 1. 1. 0. 0. 0. 1. 1. 0. 0. 1. 0. 0. 0. 1. 0. 1. 0. 1. 0. 1. 0. 1. 1. 0. 1. 0. 0. 1. 0. 1. 0. 1. 0. 1. 0. 1. 1. 0. 0.

[①]ROC 曲线指接受者操作特性（receiver operating characteristic）曲线；AUC 指 ROC 曲线下面积（area under curve）。

0. 1. 0. 0. 1. 0. 0. 0. 1. 1. 0. 1. 1. 1. 1. 0. 1. 1. 1. 0.
0. 0. 1. 0. 0. 1. 1. 1. 0. 1. 0. 1. 0. 0. 0. 0. 0. 0. 0. 0.
1. 0. 0. 0. 1. 0. 0. 0. 1. 1. 1. 0. 0. 0. 0. 1. 1. 0.]。

混淆矩阵 = [[58 2] [5 47]]。

预测事件向量	精确率	召回率	F_1分数	支持向量
0.0	0.92	0.97	0.94	60
1.0	0.96	0.90	0.93	52
平均值/总和	0.94	0.94	0.94	112

准确性为 0.9375。

AUC = 0.996794871795。

四、就业支持网络

预测事件向量 Predicted = [0. 0. 1. 0. 1. 0. 0. 0. 0. 0. 1. 0. 0.
0. 0. 1. 0. 0. 1. 0. 0. 0. 0. 0. 0. 0. 1. 0. 0. 0. 0. 0.
1. 0. 1. 1. 0. 0. 1. 0. 0. 0. 0. 0. 0. 1. 0. 0. 0. 0. 0.
0. 1. 1. 0. 1. 0. 0. 0. 0. 0. 0. 0. 0. 0. 0. 0. 0. 0. 0.
1. 1. 1. 0. 1. 0. 0. 0. 0. 0. 0. 0. 0. 0. 0. 1. 1. 1. 1.
1. 0. 0. 1. 1. 1. 0. 0. 1. 0. 1. 0. 1. 0. 1. 0. 0. 1. 0.
1.]。

混淆矩阵 = [[79 0] [7 48]]。

预测事件向量	精确率	召回率	F_1分数	支持向量
0.0	0.92	1.00	0.96	79
1.0	1.00	0.87	0.93	55
平均值/总和	0.96	0.94	0.95	134

准确性为 0.94776119403。

AUC = 0.996087456847。

五、社会收入支持网络

预测事件向量 Predicted = [0. 1. 0. 0. 0. 0. 1. 0. 0. 0. 0. 0.
0. 1. 1. 1. 0. 1. 0. 1. 0. 0. 1. 0. 0. 0. 0. 1. 1. 1. 1. 1.
0. 1. 0. 0. 1. 1. 1. 0. 0. 0. 0. 1. 0. 1. 0. 1. 1. 1. 1. 0.

0. 0. 1. 1. 0. 1. 0. 0. 0. 0. 0. 0. 1. 1. 1. 0. 0. 0. 1. 0.
1. 1. 0. 1. 0. 1. 0. 1. 0. 1. 0. 0. 1. 0. 0. 1. 1. 0. 1. 0.
0. 1. 1. 1. 1. 0. 1. 0. 1. 0. 0. 0. 0. 1. 0. 1. 0. 1. 0. 0.
1. 1. 0. 0. 1. 0. 1. 0. 0. 0. 1. 1. 0. 0. 1. 0. 1. 0. 1. 0.
0. 0. 0. 0. 0. 0. 1. 1. 0. 1. 0. 0. 1. 0. 1. 1. 0. 1. 1. 1.
0. 1. 0. 1. 0. 1. 1.]。

混淆矩阵 = [[79 0] [6 75]]。

预测事件向量	精确率	召回率	F_1分数	支持向量
0.0	0.93	1.00	0.96	79
1.0	1.00	0.93	0.96	81
平均值/总和	0.97	0.96	0.96	160

准确性为 0.9625。

AUC = 0.999843725582。

六、社会交往支持网络

预测事件向量 Predicted = [1. 1. 0. 1. 1. 0. 0. 0. 1. 0. 0. 0. 0.
0. 0. 1. 0. 1. 1. 1. 0. 1. 0. 0. 1. 0. 1. 0. 1. 0. 1. 0.
1. 0. 1. 1. 1. 0. 1. 1. 0. 1. 0. 0. 1. 0. 1. 0. 1. 0. 0.
1. 1. 1. 1. 1. 0. 1. 0. 1. 0. 1. 0. 1. 0. 1. 0. 1. 0. 1. 1.
1. 0. 0. 0. 0. 0. 0. 0. 0. 0. 0. 0. 0. 0. 0. 1. 1. 0. 1.
1. 0. 0. 0. 0. 0. 0. 0. 0. 0. 0. 0. 0. 0. 0. 1. 0. 1. 0. 0.
1. 1. 1. 0. 1. 0. 0. 0. 0. 0. 1. 0. 1. 1. 1. 0. 1. 0. 0. 0.
0. 1.]。

混淆矩阵 = [[79 0] [3 93]]。

预测事件向量	精确率	召回率	F_1分数	支持向量
0.0	0.96	1.00	0.98	79
1.0	1.00	0.93	0.96	96
平均值/总和	0.98	0.97	0.97	175

准确性为 0.982857142857。

AUC = 1.0。

七、专业讨论网络

预测事件向量 Predicted = [0. 0. 0. 0. 1. 0. 0. 1. 0. 1. 1. 0. 0. 0. 1. 0. 0. 0. 0. 1. 0. 1. 0. 1. 1. 0. 0. 1. 0. 1. 1. 1. 0. 0. 1. 1. 0. 1. 1. 0. 1. 0. 0. 0. 0. 0. 0. 0. 0. 1. 0. 1. 0. 1. 0. 1. 0. 0. 0. 1. 1. 0. 1. 1. 0. 1. 1. 0. 0. 0. 0. 1. 1. 0. 1. 0. 1. 1. 0. 0. 1. 0. 0. 1. 1. 1. 1. 1. 0. 1. 0. 1. 0. 1. 1. 0. 1. 0. 1. 1. 0. 1. 0. 1. 0. 1. 1. 0. 1. 1. 0. 1. 1. 0. 1. 0. 0. 0. 0. 0. 0. 0. 0. 0. 1.]。

混淆矩阵 = [[78 0] [5 69]]。

预测事件向量	精确率	召回率	F_1分数	支持向量
0.0	0.94	1.00	0.97	78
1.0	1.00	0.93	0.97	74
平均值/总和	0.97	0.97	0.97	152

准确性为 0.967105263158。
AUC = 0.997747747748。

八、实际支持网络

预测事件向量 Predicted = [0. 0. 0. 1. 1. 1. 0. 0. 1. 0. 0. 0. 1. 0. 1. 0. 0. 1. 0. 1. 1. 1. 1. 0. 0. 1. 1. 0. 0. 0. 0. 0. 1. 0. 0. 1. 1. 1. 0. 1. 0. 0. 1. 0. 1. 0. 0. 0. 1. 0. 0. 0. 0. 0. 0. 1. 1. 1. 1. 0. 1. 1. 1. 0. 1. 0. 1. 0. 1. 0. 1. 0. 1. 0. 1. 1. 1. 1. 1. 0. 1. 0. 0. 0. 1. 0. 0. 0. 0. 1. 0. 1. 1. 1. 0. 0. 1. 0. 0. 1. 0. 1. 1. 0. 1. 0. 1. 0. 1. 0. 0. 0. 0. 1. 0. 0. 0. 0. 0. 0. 0. 0. 1. 1. 1. 1. 0. 1. 0. 0. 1. 0. 0. 0. 1. 1. 0. 0. 1. 0. 1. 0. 0. 1. 0. 0. 0. 1. 0. 0. 0. 1. 0. 0.]。

混淆矩阵 = [[125　0]　[7　103]]。

预测事件向量	精确率	召回率	F_1 分数	支持向量
0.0	0.95	1.00	0.97	125
1.0	1.00	0.93	0.97	110
平均值/总和	0.97	0.97	0.97	235

准确性为 0.970212765957。

AUC = 0.997381818182。

第五节　算法预测结果分析

从混淆矩阵表示来看，TN = 67，FP = 0，FN = 3，TP = 67（分别指真阴性（true negatives）、假阴性（false positives）、假阳性（false negatives）、真阳性（true positives）），正例覆盖率（true positive rate）能够达到96%以上，表示算法判断为真的正确率为96%以上；负例覆盖率（true negative rate）为100%，表示算法对所有负例能够全部判定；误报率（false positive rate）为0%，表示算法对所有实例关系进行了预测分析；漏报率（false negative rate）为4%，表示算法对于实例预测中模型预测为负的正样本比例为4%。

F_1 分数（F_1 score）用来衡量算法分类精确度，兼顾分类模型的精确率和召回率。F_1 分数可以看作模型精确率和召回率的一种调和平均，它的最大值是 1，最小值是 0。

$$F_1 分数 = 2 \times \frac{精确率 \times 召回率}{精确率 + 召回率} \tag{7-1}$$

本算法 F_1 分数为 0.98，说明分类精确度可达到 98%。

AUC 不会大于 1。ROC 曲线一般处于 $y = x$ 直线的上方，因此，AUC 的取值范围为 0.5～1。使用 AUC 作为评价标准是因为很多时候 ROC 曲线并不能清晰地说明哪个分类器的效果更好，AUC 越大，分类器对此类数据的分析（分类）效果越好。具体来说，AUC 越大，代表算法对节点间的关系预测越准确，包括预测两个节点间的关系存在以及预测这两个节点间的关系不存在。AUC 的统计结果是建立在对这两个事件预测正确的基础上的。对基于八种网络数据的节点关系的预测，AUC 达到 0.99，说明本算法的分类效果、准确性比较理想。

第六节　本章小结

（1）对专业运动员社会网络中的节点进行因子分析，分别对成就支持网络、婚恋支持网络、就业支持网络、情感支持网络、社会收入支持网络、实际支持网络、专业讨论网络、社会交往支持网络八个网络进行因子分析。主要描述专业运动员社会网络中各节点的权重，验证对专业运动员社会网络的形成影响较大的因素，作为分析探讨专业运动员社会网络社区的基础。

（2）对专业运动员社会讨论网络的研究发现，专业运动员往往认为所从事的运动项目、与教练进行相关问题的谈论会对社会讨论网络产生较大正面影响，而教育程度以及人际关系敏感会对社会讨论网络形成较大的负面影响。这与专业运动员的实际生活相一致，专业运动员以训练为主，教练又是影响专业运动员最多、影响力最大的人，同时专业运动员往往对文化教育的接受程度较弱，封闭管理，人际关系单一。这样的现实环境形成了专业运动员对于社会讨论网络的认知。

（3）对专业运动员社会支持网络的分析可以看出，专业运动员往往认为所从事的运动项目、家庭经济状况会对社会支持网络产生的正面影响较大，教育程度以及人际关系敏感会对社会支持网络产生较大的负面影响。专业运动员从事的运动项目对专业运动员的成就支持网络及专业讨论网络影响很大，就业支持网络及婚恋支持网络则更受家庭经济状况的影响。

（4）在专业运动员个体中心网络的缺省联结预测分析中，针对本次问卷数据，对于专业运动员的八个网络进行预测，本算法表现出较好的预测性能。分类器的统计量表明，本算法具有较为理想的准确率和查全率。稀疏矩阵高斯过程模型在对专业运动员节点的个体中心网络链路预测应用中表现比较理想，适用于此类网络的链路预测分析，具有一定的推广意义。

第八章　专业运动员群体网络的社区关系分析

从前面已有的研究成果得知，专业运动员社交关系通常具有明显的小世界特征，有必要对社区现象进行进一步研究。依据前面建立的运动员社会网络的稀疏矩阵高斯过程模型，本章将其用于对社区的成因进行一定的分析。社区的形成现象受一些关键因素的影响，本章对两个典型的群体网络——社会交往支持网络与成就支持网络使用机器学习方法进行社区关系分析。

第一节　社会交往支持网络中社区关系分析

在社会交往支持网络中，如图 8-1 所示，根据聚类关系将网络划分为 4 个社区，剔除其中节点数量少于 20 个的小社区，并根据节点数量降序对各社区依次编号为 1，2，3，…。对社区进行稀疏矩阵高斯过程分析，根据两两之间的权重进行计算，得到图 8-2 所示的结果。

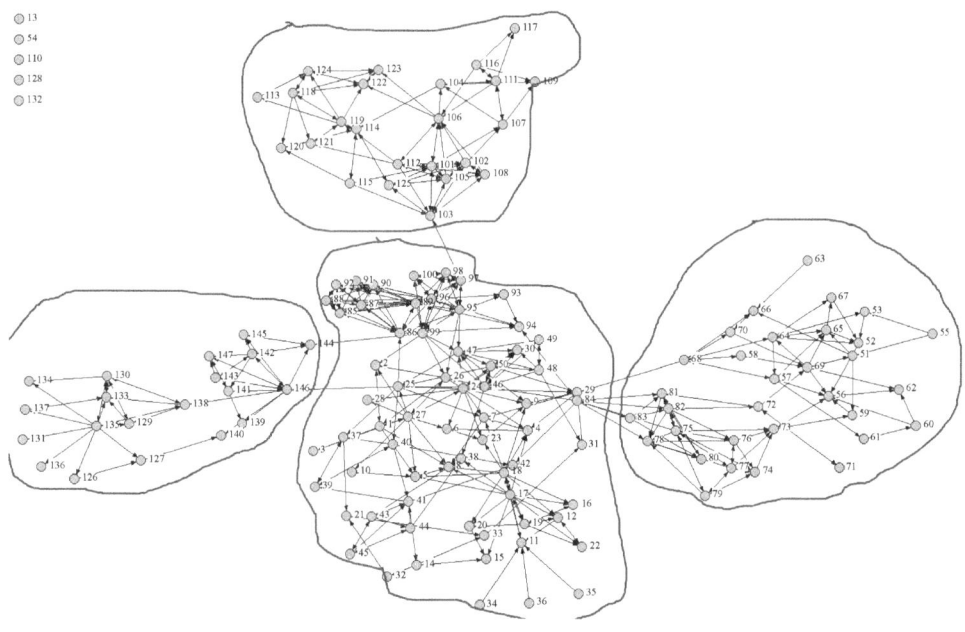

图 8-1　社会交往支持网络社区划分

由图 8-2 可知，对于社区 1、2 和社区 2、3，因子 10 是这两个社区差异形成的最大影响因素。查找问卷发现，因子 10 对应问卷 401 问题"队内突发事件处理是否得当"。对这个问题的不同认识导致节点间的差异性，从而产生不同的社区。与社区 3 相比，因子 10 的影响使得节点更易于汇聚在社区 2；与社区 1 相比，因子 10 的影响使得节点更易于汇聚在社区 2。在社会交往支持网络关系中，节点对于特定社区的汇聚也反映出一定的合作与竞争的趋势。

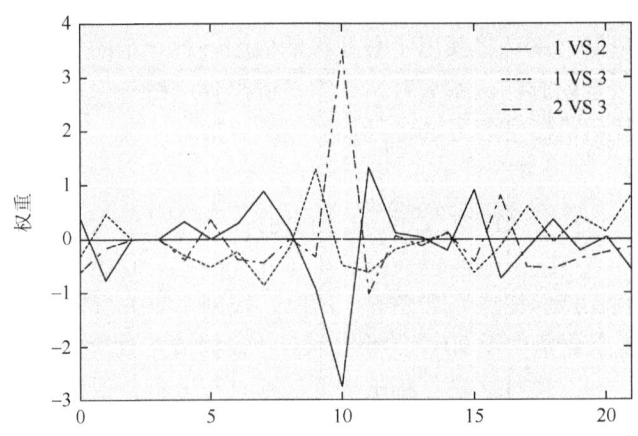

图 8-2　社会交往支持网络中的社区影响因子分析

第二节　成就支持网络中社区关系分析

在成就支持网络中，如图 8-3 所示，根据聚类关系将网络分为 14 个社区，剔除其中节点数量少于 20 个的小社区，剩余 6 个社区，并根据节点数量降序对各社区依次编号为 1，2，3，…。对剩下的 3 个较大的社区进行稀疏矩阵高斯过程分析，同样依据两两之间的权重进行计算，得到图 8-4 所示的结果。

由图 8-4 可知，对于社区 1、2 和社区 2、3，因子 12 是这两个社区差异形成的最大影响因素。查找问卷发现，因子 12 对应问卷 304 问题"在上述人员中，请填写 1～5 位最可能提供帮助的人员的相关信息"的职业选项。对这个问题的职业的不同选择导致节点间的差异性，从而产生不同的社区。与社区 3 相比，因子 12 的影响使得节点更易于汇聚在社区 1；与社区 2 相比，因子 12 的影响使得节点更易于汇聚在社区 3。在成就支持网络关系中，节点对于特定社区的汇聚也反映出一定的合作与竞争的趋势。

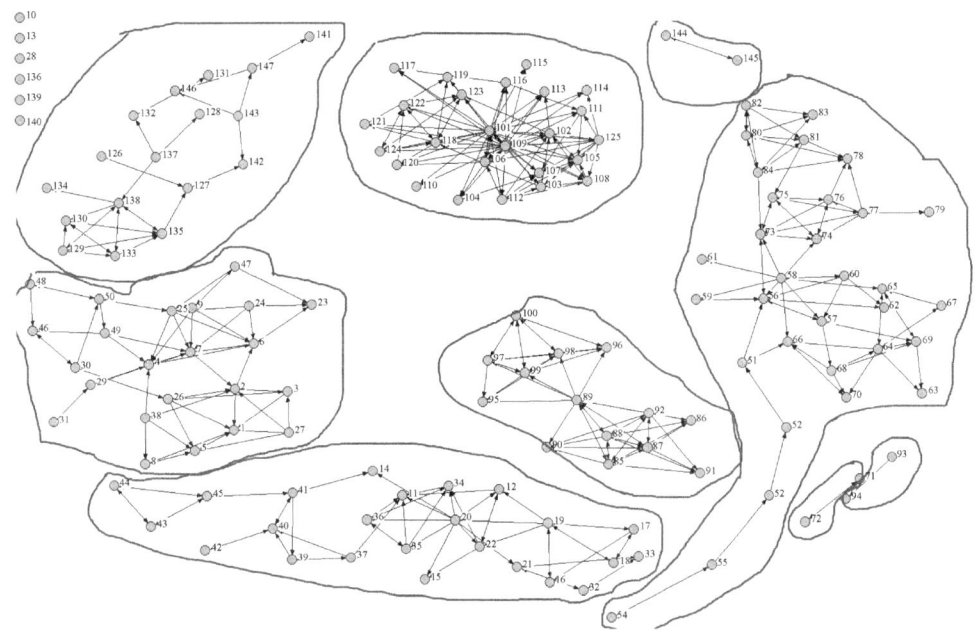

图 8-3　成就支持网络社区划分

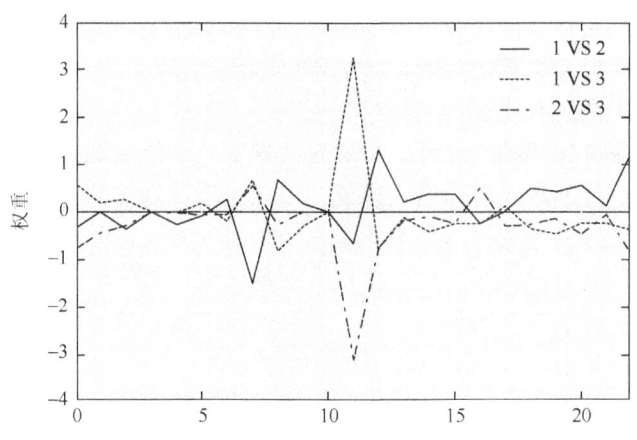

图 8-4　成就支持网络中的社区影响因子分析

第三节　本　章　小　结

把稀疏矩阵高斯过程模型用于社区关系分析是一种新的尝试，本章得到了一些有用的结果。在对专业运动员复杂网络社区分析的研究中可以看出，专业运动员的社区汇聚受到某些特定因素的影响，从分析结果来看，本算法可以得到专业运动员在网络关系上的合作趋势。另外，社区多为小规模的群体，小世界特征明显。

第九章 展　　望

本书提升了体育管理学和体育社会学的研究水平与高度,同时实现了对社会学领域复杂社会网络研究和计算社会科学中机器学习算法原有理论的补充、优化和拓展。

对我国专业运动员的正确培养和管理,以及探讨我国专业运动员这一特殊群体的行为和观念机制是我国的一个长期的体育公共管理问题。本书以我国专业运动员群体为出发点,基于复杂网络视角,把我国专业运动员的复杂社会网络的结构作为本书的研究方向。在此基础上,本书构建了我国专业运动员的社会网络(包括个体中心网络和整体网络)结构的分析框架,利用陕西省丈八训练基地的专项调查数据,运用复杂网络中的社会网络分析和统计学等分析技术,全面揭示了我国专业运动员社会网络的结构特征及其动态变化过程。

本书比较系统地研究了中国专业运动员社会网络的结构和统计机器学习理论在中国专业运动员社会网络分析中的应用,弥补了相关研究的不足。但是,由于研究经费、时限以及数据的限制,本书不可避免地存在一定的局限性。我们认为进一步的研究工作还有以下方面。

(1) 扩展研究结果的广泛性。虽然陕西省丈八训练基地是比较有代表性的我国专业运动员训练基地,可作为研究我国专业运动员群体的代表地,但是对于将以陕西省丈八训练基地为样本取得的数据用来研究专业运动员社会网络结构的结论是否可以推广到其他地区,还需要在其他地区做大量的研究。后续研究需要考虑在专业运动员训练方面较为突出的、具有代表性的、其他城市的专业运动员训练地点进行问卷调查,以便验证本书的广泛性。

(2) 本书虽然根据个体中心网络和整体网络的特点,采用不同的方法对个体中心网络构成和整体网络构成进行了分析,但是分析得还不够深入。后续研究应该继续以复杂网络的研究视角,对影响专业运动员个体中心网络规模和关系强度构成的主要因素进行深入研究。对专业运动员整体网络的结构成因进行更进一步的分析,从行为过程这个直接影响网络结构的因素出发,考虑专业运动员的个体特性和外部因素,结合专业运动员社会网络构建的实际情况,着重研究专业运动员的社会网络的结构形成机理。

(3) 加强复杂网络分析在我国专业运动员问题中的应用研究。本书应用复杂网络分析方法发现了我国专业运动员社会网络的复杂性特征。但是由于专业运动员社会网络具有复杂性，相关复杂网络模型（如小世界网络、无标度网络）还有待进一步研究。

（4）本书没有研究中观结构与宏观结构之间的联系，相关的复杂数理模型也成为后续研究的重点。这是由于社会现象日益复杂，影响因素越来越多，各因素间的非线性作用严重，传统的统计分析已经不能很好地满足社会学研究发展的需要。随着计算机技术、图论、概率论和几何学逐步向社会学领域渗透，复杂网络中的复杂数理模型研究和分析已经逐渐成为信息科学中的技术在管理学科中有关社会问题的研究应用的重要方法之一。例如，在复杂网络的研究中，统计机器学习（如基于矩阵分布的贝叶斯方法）越来越受到研究者的重视，已经成为社会管理问题中有关复杂社会网络分析的重要途径，这也给研究者提供了后续研究的方向。

①继续完善机器学习模型和算法。本书虽然根据专业运动员的个体中心网络和整体网络的特点，建立了稀疏矩阵高斯过程模型和贝叶斯网络算法，但是由于模型具有新颖性，没有在更大范围对模型展开验证，后续应该继续从复杂网络的机器学习研究视角对模型和算法进行进一步验证、优化和完善，并在社会网络分析应用中使机器学习更具广泛性。

②增强应用研究。本书虽然建立了统计机器学习模型和算法，但由于时间和资源有限，在应用上探讨得不是很充分。今后需持续加强应用上的强度、广度和深度的进一步探索。

③加强对网络关系预测的研究。在专业运动员的复杂社会网络中，为了能够有效地促进训练和学习，需要持续不断地对专业运动员社会网络进行监测和分析。通过机器学习手段，对一定时段的网络进行静态或动态的预测，针对预测结果提前做好预案是非常必要的。

④提高数据采集的自动化程度。本书虽然获取了大量有效的数据，但是课题组成员付出了艰辛的劳动。如果引入社会计算中的社会传感器系统，对于今后的数据采集环节将是一个有意义的改进。

参 考 文 献

巴纳德. 1997. 经理人员的职能[M]. 孙耀君, 译. 北京: 中国社会科学出版社.
白淑英. 2001. 讨论网研究及讨论网在因特网世界中的新发展[J]. 云南财贸学院学报, (4): 68-71.
边燕杰. 2004. 城市居民社会资本的来源及作用: 网络观点与调查发现[J]. 中国社会科学, (3): 136-146.
边燕杰, 张磊. 2013. 论关系文化与关系社会资本[J]. 人文杂志, (1): 107-113.
边燕杰, 张文宏. 2001. 经济体制、社会网络与职业流动[J]. 中国社会科学, (2): 77-89.
边燕杰, 张文宏, 程诚. 2012. 求职过程的社会网络模型: 检验关系效应假设[J]. 社会, 32 (3): 24-37.
蔡昉. 2003. 中国人口与劳动问题报告 2003: 转轨中的城市贫困问题[M]. 北京: 社会科学文献出版社.
蔡禾, 张应祥. 2003. 城市社会学: 理论与视野[M]. 广州: 中山大学出版社.
蔡萌, 杜巍, 任义科, 等. 2014. 企业员工社会网络度中心性对个人绩效的影响——度异质性的调节作用[J]. 当代经济科学, 36 (1): 108-115, 128.
曹锐. 2014. 非线性与复杂网络理论在脑电数据分析中的应用研究[D]. 太原: 太原理工大学.
柴景山. 2006. 霍桑实验对组织管理的启示[J]. 学术月刊, (6): 8.
陈爱萍, 俞琰. 2012. 基于指数随机图模型的网络新闻媒体分析[J]. 金陵科技学院学报, 28 (2): 30-36.
丁建岚, 雷旭, 黄谦, 等. 2016. 中国专业运动员整体社会网络多层次关系研究[J]. 西安体育学院学报, 33 (4): 405-409.
董国辉. 2003. 经济全球化与"中心-外围"理论[J]. 拉丁美洲研究, (2): 50-54.
杜海峰, 李树茁, 费尔德曼, 等. 2007a. 基于先验知识与模块性指标的社会网络社区探测算法研究与应用[J]. 西安交通大学学报, 41 (6): 750-754.
杜海峰, 李树茁, 费尔德曼, 等. 2007b. 小世界网络与无标度网络的社区结构研究[J]. 物理学报, (12): 6886-6893.
杜海峰, 悦中山, 李树茁, 等. 2009. 基于模块性指标的动态网络社群结构探测方法[J]. 成都体育学院学报, (3): 162-171.
段成荣. 1998. 流动人口对城市社会经济发展的影响[J]. 人口研究, (7): 58-63.
方黎明. 2016. 社会支持与农村老年人的主观幸福感[J].华中师范大学学报 (人文社会科学版), 55 (1): 54-63.
弗里曼. 2008. 社会网络分析发展史[M]. 张文宏, 译. 北京: 中国人民大学出版社.
高连科. 2005. 论霍曼斯的交换理论[J]. 齐齐哈尔大学学报 (哲学社会科学版), (2): 8-10.
顾慧君. 2006. 基于社会网络演化分析的产业集群升级研究[D]. 南京: 东南大学.

桂勇,黄荣贵.2008.社区社会资本测量:一项基于经验数据的研究[J].社会学研究(3):122-142,244-245.
国务院研究室课题组.2006.中国农民工调研报告[M].北京:中国言实出版社.
韩忠明,吴杨,谭旭升,等.2015.社会网络结构洞节点度量指标比较与分析[J].山东大学学报（工学版），45（1）：1-8.
郝勤.2004.论中国体育"举国体制"的概念、特点与功能[J].成都体育学院学报,（1）：7-11.
何汇江.2004.城市贫困群体的社会分裂和融合[J].人文杂志,（3）：164-169.
何清,李宁,罗文娟,等.2014.大数据下的机器学习算法综述[J].模式识别与人工智能,27（4）:327-336.
贺寨平.2001.国外社会支持网研究综述[J].国外社会科学,（1）：76-81.
胡全柱.2008.退役运动员社会排斥机制研究[J].天津体育学院学报,（4）：345-347.
胡英.2001.从农村向城镇流动人口的特征分析[J].人口研究,（11）：9-15.
黄谦.2012.体育健身休闲市场服务质量及测量的理论与方法研究[J].西安体育学院学报,（4）：385-392.
黄谦,张晓丽.2012.中国运动员社会网络及社会支持的理论探析[J].西安体育学院学报,（1）：1-5.
靳小怡,彭希哲,李树茁,等.2005.社会网络与社会融合对农村流动妇女初婚的影响——来自上海浦东的调查发现[J].人口与经济,（5）：53-58.
靳小怡,任峰,悦中山.2008.农民工对婚前和婚外性行为的态度:基于社会网络的研究[J].人口研究,（5）：67-78.
柯兰君,李汉林.2001.城市里的农民——中国大城市的农民工[M].北京:中央编译出版社.
雷恩.2000.管理思想的演变[M].孙耀君,译.北京:中国社会科学出版社.
李彩霞.2005.城市经历与女农民工的生育意愿——对武汉市洪山区部分女农民工的个案访谈[J].江南大学学报（人文社会科学版），4（4）：32-35.
李春玲.2005.当代中国社会的声望分层——职业声望与社会经济地位指数测量[J].社会学研究,（2）：74-102.
李国杰.2012.大数据研究的科学价值[J].中国计算机学会通信,8（9）：8-16.
李海超,黄运茂,唐斌.2006.农民工群体行为规模缺失的成因及应对策略[J].广东农业科学,（6）：84-87.
李汉林.2003.关系强度与虚拟社区[M]//李培林.农民工——中国进城农民工的经济社会分析.北京:社会科学文献出版社.
李金华.2009.网络研究三部曲:图论、社会网络分析与复杂网络理论[J].华南师范大学学报（社会科学版），（2）：136-138.
李良进,风笑天.2003.试论城市农民工的社会支持系统[J].岭南学刊,（1）：83-86.
李梦楠,贾振全.2014.社会网络理论的发展及研究进展评述[J].中国管理信息化,17（3）：133-135.
李培林.1996.流动民工的社会网络和社会地位[J].社会学研究,（4）：42-52.
李守伟,钱省三.2006.产业网络的复杂性研究与实证[J].科学学研究,（4）：529-533.
李树茁,任义科,费尔德曼,等.2006a.中国农民工的整体社会网络特征分析[J].中国人口科学,（3）：19-29, 95.

李树茁，伍海霞，靳小怡，等.2006b.中国农民工的社会网络与性别偏好——基于深圳调查的研究[J].人口研究，（6）：5-14.

李树茁，杨绪松，靳小怡，等.2006c.中国乡城流动人口社会网络复杂性特征分析[J].市场与人口分析，（5）：13-23.

李树茁，杨绪松，任义科，等.2007a.农民工的社会网络与职业阶层和收入：来自深圳调查的发现[J].当代经济科学，（1）：25-33.

李树茁，杨绪松，悦中山，等.2007b.农民工社会支持网络的现状及其影响因素研究[J].西安交通大学学报（社会科学版），（1）：67-76.

林南.2005.社会资本——关于社会结构与行动的理论[M].上海：上海人民出版社.

刘传江，周玲.2004.社会资本与农民工的城市融合[J].人口研究，（9）：12-18.

刘继云，李红.2007.基于复杂网络的证券投资行为扩散研究[J].企业经济，（11）：150-152.

刘军.2004a.社会网络分析导论[M].北京：中国社会科学出版社.

刘军.2004b.社会网络模型研究论析[J].社会学研究，（1）：1-12.

刘军.2006.法村社会支持网络——一个整体研究的视角[M].北京：社会科学文献出版社.

刘林平，万向东，王翊.2005.二元性、半合法性、松散性和农民工问题[J].中山大学学报（社会科学版），45（2）：63-68.

刘宁.2007.农民工养老社会化问题研究[J].兰州商学院学报，23（1）：16-20.

刘蓉.2006.正式组织与非正式组织的文化协调[J].商场现代化，（13）：59-60.

刘婷，胡宝清.2007.基于聚类分析的复杂网络中的社团探测[J].复杂系统与复杂性科学，4（1）：28-35.

刘娴晴.2000.两种取向的社会交换理论比较[J].开放时代，（6）：100-101.

刘一民，马先英.2004.我国专业运动员群体的社会学分析[J].体育学刊，（3）：14-17.

刘咏梅，彭琳，赵振军.2014.基于小世界网络的微博谣言传播演进研究[J].复杂系统与复杂性科学，11（4）：54-60.

卢海元.2004.建立健全被征地农民社会保障制度的理论思考与政策建议[J].经济学动态，（10）：5.

罗家德.2005.社会网分析讲义[M].北京：社会科学文献出版社.

马娟娟.2020.创业团队社会资本对创业坚持行为的影响[D].上海：上海师范大学.

梅奥.1987.工业文明的社会问题[M].时勘，译.北京：中国社会科学出版社.

农村劳动力流动的组织化特征课题组.1997.农村劳动力流动的组织化特征[J].社会学研究，（1）：15-24.

彭庆恩.1996.关系资本和地位获得——以北京市建筑行业农民包工头的个案为例[J].社会学研究，（4）：53-63.

彭伟，金丹丹，朱晴雯.2017.团队社会网络研究述评与展望[J].中国人力资源开发，（3）：57-68.

渠敬东.2001.生活世界中的关系强度——农村外来人口的生活轨迹[M]//柯兰君，李汉林.都市里的村民——中国大城市的流动人口.北京：中央编译出版社.

任义科，杜海峰，喻晓，等.2008.中国农民工社会网络的凝聚子群结构分析[J].社会，（5）：20-40，224.

阮丹青，周路.1990.天津城市居民社会网初析——兼与美国社会网比较[J].中国社会科学，（2）：20.

斯坦利·沃瑟曼，凯瑟琳·福斯特.2012.社会网络分析：方法与应用[M].陈禹，孙彩虹，译.北京：中国人民大学出版社.

苏莉莉. 2006. 进城女青年面临的单身问题个案分析[J]. 中国青年研究, (12): 18-21.
孙艳霞. 2015. 金融网络理论与应用综述[J]. 金融发展研究, (4): 28-34.
塔玛·戴安娜·威尔森, 赵延东. 2005. 弱关系、强关系: 墨西哥移民中的网络原则[J]. 思想战线, 31: 46-55.
谭华. 2000. 关于实现体育可持续发展的若干理论问题[J]. 体育学刊, (5): 13-18.
谭深. 1997. 农村劳动力流动的性别差异[J]. 社会学研究, (1): 42-47.
汤小莉, 孙笑明, 田高良, 等. 小世界网络的动态性对企业关键研发者创造力的影响[J]. 管理工程学报, 32(4): 54-62.
陶春丽. 2005. 非正式组织对正式组织的影响作用及其发展导向[J]. 兰州学刊, (1): 209-210.
陶裕春, 申昱. 2014. 社会支持对农村老年人身心健康的影响[J]. 人口与经济, (3): 3-14.
田凯. 2001. 科尔曼的社会资本理论及其局限[J]. 社会科学研究, (1): 90-96.
田颖杰. 2003. SWN模型应用于经济与管理领域的基础研究[D]. 南京: 南京航空航天大学.
婉格尔, 刘精明. 1998. 北京老年人社会支持网调查——兼与英国利物浦老年社会支持网对比[J]. 社会学研究, (2): 56-66.
汪丹. 2008. 结构洞算法的比较与测评[J]. 现代情报, (9): 153-156.
王林, 戴冠中. 2005. 复杂网络中的社区发现——理论与应用[J]. 科技导报, (8): 62-66.
王卫东. 2006. 中国城市居民的社会资本与个人资本[J]. 社会学研究, (3): 151-166.
王毅杰, 童星. 2004. 流动农民社会支持网探析[J]. 社会学研究, (2): 42-48.
韦尔曼, 张文宏. 1994. 网络分析: 从方法和隐喻到理论和实质[J]. 国外社会学, (2): 8.
魏华, 权德庆, 雷福民, 等. 2012. 中国群众体育场地发展变化及驱动力研究[J]. 体育科学, 32(7): 3-8.
文军. 2004. 农民市民化: 从农民到市民的角色转型[J]. 华东师范大学学报(哲学社会科学版), 36(3): 55-61.
吴红宇, 谢国强. 2006. 新生代农民工的特征、利益诉求及角色变迁——基于东莞塘厦镇的调查分析[J]. 南方人口, 21(2): 21-31.
吴金闪, 狄增如. 2004. 从统计物理学看复杂网络研究[J]. 物理学进展, 24(1): 18-46.
吴彤. 2004. 复杂网络研究及其意义[J]. 哲学研究, (8): 58-70.
肖鸿. 1999. 试析当代社会网研究的若干进展[J]. 社会学研究, (3): 1.
肖水源, 杨德森. 1987. 社会支持对身心健康的影响[J]. 中国心理卫生杂志, 1(4): 183-187.
熊文, 周全, 田祖国. 2005. 竞技体育可持续发展的伦理意蕴[J]. 中国体育科技, (4): 14-16.
许丹, 李翔, 汪小帆. 2004. 复杂网络理论在互联网病毒传播研究中的应用[J]. 复杂系统与复杂性科学, (3): 10-26.
薛峰, 李苗裔, 党安荣. 2020. 中心性与对称性: 多空间尺度下长三角城市群人口流动网络结构特征[J]. 经济地理, 40(8): 49-58.
亚当·斯密. 1993. 国民财富的性质与原因[M]. 郭大力, 王亚南, 译. 北京: 商务印书馆.
阳建强, 吴明伟. 1999. 现代城市更新[M]. 南京: 东南大学出版社.
杨冠灿, 陈亮, 张静, 等. 2019. 专利引用关系形成的解释框架: 一个指数随机图模型视角[J]. 图书情报工作, 63(5): 100-109.
杨红梅, 昊尊友, 王克安. 2003. 社会网络与HIV传播[J]. 中国艾滋病性病, (1): 47-50.
杨琬琪, 高阳, 周新民, 等. 2012. 多模态张量数据挖掘算法及应用[J]. 计算机科学, 39(1): 5.

杨绪松,李树茁,韦艳. 2005. 浦东外来农村已婚妇女的避孕行为——基于社会网络和社会融合视角的研究[J]. 西安交通大学学报(社会科学版), 25(1): 39-46.

俞桂杰,彭语冰,储衍昌. 2006. 复杂网络理论及其在航空网络中的应用[J]. 复杂系统与复杂性科学, (1): 79-84.

宇红,王欢. 2004. 解读布尔迪厄的社会资本理论[J]. 社会, (3): 97-98.

喻国明,朱烨枢,张曼琦,等. 2019. 网络交往中的弱关系研究:控制模式与路径效能——以陌生人社交APP的考察与探究为例[J]. 西南民族大学学报(人文社科版), 40(9): 141-146.

张锴琦,杜海峰. 2016. 基于个体关系属性的加权网络社群结构探测模型[J]. 系统管理学报, 25(6): 1083-1090, 1098.

张丽梅,乔立山,陈松灿. 2009. 基于张量模式的特征提取及分类器设计综述[J]. 山东大学学报(工学版), 39(1): 5.

张其仔. 2001. 新经济社会学[M]. 北京:中国社会科学出版社.

张淑谦,徐顺治,李登科. 2019. 社会网络理论及其研究述评[J]. 智库时代, (37): 264, 268.

张文宏,阮丹青,潘允康. 1999. 天津农民村居民的社会网[J]. 社会学研究, (2): 108-118.

张文宏,阮丹青. 1999. 城乡居民的社会支持网[J]. 社会学研究, (3): 12-24.

张彦波,张萌物. 2006. 非正式组织中的"领头羊"及其隐性权力探析[J]. 内江科技, (1): 117-119.

张艳军. 2007. 比较霍曼斯和布劳的社会交换理论[J]. 商业文化(学术版), (12): 191.

张友琴. 2001. 老年人社会支持网的城乡比较研究——厦门市个案研究[J]. 社会学研究, (4): 56-66.

张远为,严飞. 2018. 社会资本与小微企业融资能力研究[J]. 湖北经济学院学报, 16(2): 15-21.

张振康,王永菲. 2020. 公共图书馆阅读趣缘网络构建研究——基于社会网络理论的视角[J]. 河南图书馆学刊, 40(7): 10-12.

章丹,胡祖光. 2013. 网络结构洞对企业技术创新活动的影响研究[J]. 科研管理, 34(6): 34-41.

赵延东,王奋宇. 2002. 城乡流动人口的经济地位获得及决定因素[J]. 中国人口科学, (4): 8-15.

赵延东. 1998. "社会资本"理论述评[J]. 国外社会科学, (3): 18-21.

郑莉. 2004. 比较社会交换理论与理性选择理论的异同——以布劳、科尔曼为例[J]. 学术交流, (1): 108-113.

钟水映. 2000. 人口流动与社会经济发展[M]. 武汉:武汉大学出版社.

周广肃,樊纲,申广军. 2014. 收入差距、社会资本与健康水平——基于中国家庭追踪调查(CFPS)的实证分析[J]. 管理世界, (7): 12-21, 51, 187.

周涛. 2005. 复杂网络研究概述[J]. 物理, (1): 31-36.

周涛,王盈颖,邓胜利. 2020. 基于社会资本理论的在线健康社区用户参与行为研究[J]. 信息资源管理学报, 10(2): 59-67, 129.

Aaron C, Newman M E J, Moore C. 2004. Finding community structure in very large networks[J]. Physical Review E, 70: 66-111.

Abramson G, Kuperman M. 2001. Social games in a social network[J]. Physical Review E, 63(3): 030901.

Ahuja G. 2000. Collaboration networks, structural holes, and innovation: A longitudinal study[J]. Administrative Science Quarterly, 45(3): 425-455.

Anderson C J, Wasserman S, Crouch B. 1999. A p* primer: Logit model for social networks[J]. Social

Networks, (21): 37-66.

Antikainen J, Havel J, Josth R, et al. 2010. Nonnegative tensor factorization accelerated using GPGPU, parallel and distributed systems[J]. IEEE Transactions on, 22 (7): 1135-1141.

Appellof C J, Davidson E R. 1981. Strategies for analyzing data from video fluorometric monitoring of liquid chromatographic effluents[J]. Analytical Chemistry, 53: 2053-2056.

Arnaboldi V, Conti M, La Gala M, et al. 2015. Ego network structure in online social networks and its impact on information diffusion[J]. Computer Communications, 76 (15): 26-41.

Barabási A L 1999. Mean-field theory for scale-free random networks[J]. Physic A, 272: 173-189.

Barabási A L. 2002. Statistical mechanics of complex networks[J]. Reviews of Modern Physics, 74: 48-97.

Barabási A L, Albert R. 1999. Emergence of scaling in random networks[J]. Science, 286 (5439): 509-512.

Barnes J A. 1954. Class and committees in a Norwegian island parish[J]. Social Networks, 7: 3-58.

Beals M L. 2006. Understanding community structure: a data-driven multivariate approach[J]. Oecologia, 150 (3): 484-495.

Behrman J R, Kohler H P, Watkins S C. 2002. Social networks and changes in contraceptive use over time: Evidence from a longitudinal study in rural Kenya[J]. Demography, 39 (4): 713-738.

Bernardi L. 2003. Channels of social influence on reproduction[J]. Population Research and Policy Review, (22): 527-555.

Beylkin G, Mohlenkamp M J. 2002. Numerical operator calculus in higher dimensions[J]. Proceedings of the National Academy of Sciences, 99: 0246-10251.

Bian Y. 1997. Bringing strong ties back in: indirect ties, network bridges, and job search in China[J]. American Sociological Review, 62 (3): 366-385.

Bian Y. Bian Y. 1999. Getting a job through a web of Guanxi in China[M]//Wellman B. Networks in the Global Village: Life in Contemporary Communities. Boulder: Westview Press.

Blau P M. 1964. Exchange and Power in Social Life[M]. New York: Wiley.

Bollobás B. 1985. Random Graphs[M]. London: Academic Press Inc.

Bongaarts J, Watkins S C. 1996. Social interaction and contemporary fertility transitions[J]. Population and Development Review, (4): 639-682.

Borgatti S P, Everett M G. 1999. Models of core/periphery structures[J]. Social Networks, (21): 375-395.

Bourdieu P. 1980. Le capital social[J]. Acts de al Rechecheen Sciences Socials, 31: 2-3.

Bourdieu P. 1986. The forms of capital[M]//Richardson J. Handbook of Theory and Research for the Sociology of Education. Westport: Greenwood: 241-258.

Brandes U, Borgatti S P, Freeman L C. 2016. Maintaining the duality of closeness and betweenness centrality[J]. Social Networks, 44: 153-159.

Bronfenbrenner U. 1943. A constant frame of reference for sociometric research[J]. Sociometry, 6 (4): 363-397.

Bronfenbrenner U. 1944. A constant frame of reference for sociometric research: Part II. Experiment and inference[J]. Sociometry, 7 (1): 40-75.

Burt R E. 1987. Kinds of relations in American discussion networks[M]//Calhoun C J, Mayer M W, Scott W R. Structure of Power and Constraint. New York: Cambridge University Press.

Burt R S. 1984. Network items and the general social survey[J]. Social Networks, 6 (4): 293-339.

Burt R S. 1997. The contingent value of social capital[J]. Aamin Isuauve Saence Quarterly, 42 (2): 339-365.

Burt R S. 2007. Bandwidth and echo: Trust, information, and gossip in social networks[J]. Networks and Markets: Contribution from Economics and Sociology, 60637 (2001): 1-37.

Burt R. 1992. Structural holes: The social structural of competition[M]. Cambridge: Harvard University Press.

Burt R, Celotto N. 1992. The network structure of management roles in a large manufacturing firm[J]. Evaluation and Program Planning, (15): 303-326.

Buyukkececi Z, Leopold T. 2020. Sibling influence on family formation: A study of social interaction effects on fertility, marriage, and divorce[J]. Advances in Life Course Research: 100359.

Caldarelli G. 2013. Scale-free Networks: Complex Webs in Nature and Technology[M]. Oxford: Oxford University Press.

Calvó-Armengol A, Zenou Y. 2005. Job matching, social network and word-of-mouth communication[J]. Journal of Urban Economics, (57): 500-522.

Caplan F, Caplan T. 1974. This issue[J]. Theory Into Practice, 10 (5): 8-10.

Carrington P. 1988. Network as personal communities[C]. Cambridge: Cambridge University: 130-184.

Casquero O, Benito M, Jesús Romo, et al. 2016. Participation and Interaction in Learning Environments: A Whole-network Analysis[M]. Boone: Appalachian State University Press.

Chakraborty S, Tripathy B K. 2016. Privacy preserving anonymization of social networks using eigenvector centrality approach[J]. Intelligent Data Analysis, 20 (3): 543-560.

Chen B, Petropolu A, de Lathauwer L. 2002. Blind identification of convolutive MIMO systems with 3 sources and 2 sensors[J]. EURASIP Journal on Applied Signal Processing, (5): 487-496.

Chen S Y, King I, Lyu M R, et al. 2013. Recovering pairwise interaction tensor[J]. Neural Information Processing Systems, 2: 1691-1699.

Christian P H, Miriam M, Christoph L, et al. 2016. A relational altmetric? Network centrality on research gate as an indicator of scientific impact[J]. Journal of the Association for Information Science and Technology, 67 (4): 765-775.

Chu W, Ghahramani Z. 2009. Probabilistic models for incomplete multi-dimensional arrays[J]. Journal of Machine Learning Research, 5: 89-96.

Cobb S. 1976. Social support as a moderator of life stress[J]. Psychosomatic Medicine, 38 (5): 300-314.

Cohe E. 1969. Die Abstoßungskrise[J]. Langenbecks Archiv für Chirurgie, (12): 692-698.

Cohen D J, Prusak L. 2001. In Good Company: How Social Capital Makes Organizations Work[M]. Boston: Harvard Business School Press.

Cohen P. 2004. Small world networks key to memory[J]. New Scientist, 182: 12.

Cohen R, Havlin S. 2003. Scale-free networks are ultrasmall[J]. Physical Review Letters, (90):

058701.

Cohen S, Syme S L. 1985. Issues in the study and application of social support[M]//Cohen S, Syme S L. Social Support and Health. New York: Academic: 3-22.

Cohen T A, Wills S. 1985. Social support, and the buffering hypothesis[J]. Psychological Bulletin, 98 (3): 10-57.

Coleman J S. 1988. Social capital in the creation of human capital[J]. The American Journal of Sociology, (94): 95-120.

Coleman J S. 1990. Foundation of Social Theory[M]. Cambridge: Harvard University Press.

Cook K S, Whitmeyer J M. 1992. Two approaches to social structure: Exchange theory and network analysis[J]. Annual Review of Sociology, (18): 109-127.

Cowan R, Jonard N. 2004. Network structure and the diffusion of knowledge[J]. Journal of Economic Dynamics and Control, (28): 1557-1575.

Cowan R, Jonard N, Özman M. 2004. Knowledge dynamics in a network industry[J]. Technological Forecasting and Social Change, (71): 469-484.

Crowell L F. 2004. Weak ties: A mechanism for helping women expand their social networks and increase their capital[J]. The Social Science Journal, (41): 15-28.

Dao V L, Cécile B, Lenca P. 2020. Community structure: A comparative evaluation of community detection methods[J]. Network Science, 8 (1): 1-41.

Davidsen J, Ebel H, Bornholdt S. 2002. Emergence of a small world from local interactions: Modeling acquaintance networks[J]. Physical Review Letters, 88 (12): 128701.

Davis J A. 1970. Clustering and hierarchy in interpersonal relations: Testing two graph theoretical models on 742 sociomatrices[J]. American Sociological Review, 35 (5): 843-851.

de Graaf N D, Flap H D. 1988. With a little help from my friends: Social resources as an explanation of occupational status and income in West Germany, the Netherlands, and the United States[J]. Social Forces, 1 (49): 217-233.

de Lathauwer L, Castaing J, Cardoso J F. 2007. Fourth-order cumulant based blind identification of under determined mixtures[J]. IEEE Transactions on Signal Processing, 55: 2965-2973.

de Lathauwer L, de Moor B, Vandewalle J. 2000. A multilinear singular value decomposition[J]. SIAM Journal on Matrix Analysis and Applications, 21: 1253-1278.

Derogatis L R, Cleary P A. 1977. Confirmation of the dimensional structure of the SCL-90: A study in construct validation[J]. Journal of Clinical Psychology, 33 (4): 981-989.

Deroïan F. 2002. Formation of social networks and diffusion of innovations[J]. Research Policy, (31): 835-846.

Dillon L. 2000. Women and the dynamics of marriage, household status, and aging in Victorian Canada and the United States[J]. The History of the Family: An international quarterly, 4 (4): 447-483.

Dodds P S, Muhamad R, Watts D J. 2003. An experimental study of search in global social networks[J]. Science, 301: 827-829.

Dorogovtsev S N, Mendes J F. 2002. Scaling properties of scale-free evolving networks: Continuous approach[J]. Advances in Physics, (51): 1079-1118.

Duch J, Arenas A. 2005. Community detection in complex networks using extremal optimization[J]. Physical Review E, 72 (2): 027104.

Duijn M A J V, Snijders T A B, Zijlstra B J H. 2004. A random effects model with covariates for directed graphs[J]. Stata Neerlandica, 58 (2): 234-254.

Dunkel A. 1990. The relationship between an evolving GATT and an evolving European economic community[J]. Atlantic Economic Journal, (3): 8-11.

Dunkel-Schetter C, Bennett T L. 1990. Differentiating the cognitive and behavioral aspects of social support[J]. Social Support an Interactional View: 267-296.

Ebel H, Davidsen J, Bornholdt S. 2003. Dynamics of social networks[J]. Complexity, 8 (2): 24-27.

Eklund L. 1999. Gender roles and female labor migration: A qualitative field study of female migrant workers in Beijing[R]. Sweden: Lund University.

Emerson R M. 1976. Social exchange theory[J]. Annual Review of Sociology, (2): 335-362.

Emmanuel J, Peter M. 2015. Robustness of scale-free spatial networks[J]. Annals of Probability an Official Journal of the Institute of Mathematical Stats, 45 (3): 1680-1722.

Erdos P, Rényi A. 1959. On random graphs[J]. Publicationes Mathematicae (Debrecen), (6): 290-297.

Erods P, Rényi A. 1961. On the evolution of random graphs[J]. Structure and Dynamics of Networks: 38-82.

Ertem Z, Veremyev A, Butenko S. 2016. Detecting large cohesive subgroups with high clustering coefficients in social networks[J]. Social Networks, 46: 1-10.

Fang C, Xiaoming S, Wang X, et al. 2017. The research on the impact of the ego-network's changes from the key inventors to the innovation performance: The whole network as an intermediary variable[J]. Science and Technology Progress and Policy, 34 (17): 80-90.

Fernández-Peña R, Molina J, Valero O. 2018. Personal network analysis in the study of social support: The case of chronic pain[J]. International Journal of Environmental Research and Public Health, 15 (12): 41-45.

Frank O, Strauss D. 1986. Markov graphs[J]. Journal of the American Statistical Association, 81 (395): 832-842.

Freeman L C. 1979. Centrality in social networks: conceptual clarification[J]. Social Networks, (1): 215-239.

Frey F W, Abrutyn E, Metzger D S, et al. 1995. Focal networks and HIV risk among African-American male intravenous drug users[J]. NIDA research monograph, 151 (151): 89-108.

Fronczak A, Fronczak P, Holyst J A. 2003. Mean-field theory for clustering coefficients in Barabási-Albert networks[J]. Physical Review E, (68): 046126.

Gamper M. 2019. Radcliffe-Brown (1940): On Social Structure[M]. Wiesbaden: Springer VS.

Gest S D, Graham-Bermann S A, Hartup W W. 2010. Peer Experience: Common and unique features of number of friendships, social network centrality, and sociometric status[J]. Social Development, 10 (1): 23-40.

Ghosh R, Lerman K. 2012. Rethinking centrality: The role of dynamical processes in social network analysis[J]. Discrete and Continuous Dynamical Systems-Series B, 2017, 19 (5): 1355-1372.

Girvan M, Newman M E J. 2002. Community structure in social and biological networks[J]. Proceedings of the National Academy of Sciences of the United States of America, 99 (12): 7821-7826.

Goldstein J R, Kenney C T. 2001. Marriage delayed or marriage forgone? New cohort forecasts of first marriage for US women[J]. American Sociological Review, (66): 506-519.

Gonzalez-Brambila, Veloso C N, Krackhardt D. 2013. The impact of network embeddedness on research output[J]. Research Policy: A Journal Devoted to Research Policy, Research Management and Planning, 42 (9): 1555-1567.

Gonzalez J E, Low Y C, Gu H J, et al. 2012. Powergraph: Distributed graph-parallel computation on natural graphs[C]. Boston: Proceedings of the 10th USENIX Symposium on Operating Systems Design and Implementation: 17-30.

Goodreau S M. 2007. Advances in exponential random graph (p*) models applied to a large social network[J]. Social Networks, (29): 231-248.

Granovetter M. 1973. The strength of weak ties[J]. The American Journal of Sociology, 78 (6): 1360-1380.

Granovetter M. 1974. Getting a Job: A Study of Contacts and Careers[M]. Cambridge: Harvard University Press.

Granovetter M. 1985. Economic action and social structure: the problem of embeddedness[J]. The American Journal of Sociology, 91 (3): 481-510.

Granovetter M. 1995. Getting a Job[M]. 2nd ed. Chicago: University of Chicago Press.

Grigorascu V S, Regalia P A. 1999. Tensor displacement structures and polyspectral matching[C]. Philadelphia: Fast Reliable Algorithms for Matrices with Structure: 245-276.

Grootaert C. 1997. Social capital: The missing link[J]. The World Bank: 124.

Guelzim N, Bottani S, Bourgine P, et al. 2002. Topological and causal structure of the yeast transcriptional regulatory network[J]. Nature genetics, 31 (1): 60.

Gupta N, Ho V, Pollack J M, et al. 2016. A multilevel perspective of interpersonal trust: Individual, dyadic, and cross-level predictors of performance[J]. Journal of Organizational Behavior, 37 (8): 1271-1292.

Gustafsson M, Hornquist M, Lomabardi A. 2006. Comparison and validation of community structures in complex networks[J]. Physica A, 367: 559-576.

Hackbusch W, Khoromskij B N, Tyrtyshnikov E E. 2005. Hierarchical Kronecker tensor-product approximations[J]. Journal of Numerical Mathematics, 13: 119-156.

Hanifan L J. 1916. The rural school community centre[J]. Annals of the American Academy of Political and Social Sciences, 67 (9): 130-138.

Hansen M T. 1999. The search-transfer problem: The role of weak ties in sharing knowledge across organization subunits[J]. Administrative Science Quarterly, 44 (1): 82-111.

Hargadon A, Sutton R. 1997. Technology brokering and innovation in a product development firm[J]. Administrative Science Quarterly, 42 (4): 716-749.

Hastings D W, Robinson J G. 1973. A re-examination of Hernes' model on the process of entry into first marriage for United States women, cohorts 1891-1945[J]. American Sociological Review, (38): 138-142.

He J S, Pooler J. 2002. The regional concentration of China's interprovincial migration flows, 1982-1990[J]. Population and Environment, 28 (2): 149-182.

Heath A. 1998. Rational Choice and Social Exchange: A Critique of Exchange Theory[M]. Cambridge: Cambridege University Press.

Hitchcock F L. 1927. The expression of a tensor or a polyadic as a sum of products[J]. Journal of Mathematics and Physics, 6: 164-189.

Holland P W, Leinharht S. 1970. A method for detecting structure in sociometric data[J]. The American Journal of Sociology, 76 (3): 492-513.

Holland P W, Leinharht S. 1981. An exponential family of probability distributions for directed graphs[J]. Journal of the American Statistical Association, 76 (373): 33-50.

Hu Y, Xiong F, Pan S, et al. 2020. Bayesian personalized ranking based on multiple-layer neighborhoods[J]. Information Sciences, 542: 156-176.

Huang L J. 2016. A preliminary study on the theory of social support monthly[J]. Journal of Psychology, 15 (16): 238-239.

Hunter D. 2007. Curved exponential family models for social networks[J]. Social Networks, (29): 216-230.

Ichiro K, Daniel K, Adam C, et al. 2004. Commentary: Reconciling the three accounts of social capital[J]. International Journal of Epidemiology, (4): 700-704.

Intanagonwiwat C, Estrin D, Govindan R, et al. 2002. Impact of network density on data aggregation in wireless sensor networks[C]. Santiago: International Conference on Distributed Computing Systems.

Israel B, Antonucci T. 1987. Social network characteristics and psychological well being: A replication and extension[J]. Health Education and Behavior, (14): 461-481.

Jarillo J C. 1988. On strategic networks[J]. Strategic Management Journal, 9 (1): 31-41.

Jian-Rong W, Jian-Ping W, Zhen H, et al. 2015. Degree distribution and robustness of cooperative communication network with scale-free model[J]. Chinese Physics B, 24 (6): 115-121.

Jianyu Z, Xi X, Yi S. 2015. A simulation research on small world effect in knowledge flow's network evolution[J]. Management Review, 27 (5): 70-81.

Jimenez A, Tiampo K F, Posadas A M. 2008. Small-world in a seismic network: the California case, Nonlin[J]. Processes Geophys, 15: 389-395.

Julian J, Luciano F, Tibério S. 2007. Rich-club phenomenon across complex network hierarchies[J]. Applied Physics Letters, (91): 1-3.

Kang U, Papalexakis E, Harpale A, et al. 2012. Gigatensor: Scaling tensor analysis up by 100 times-algorithms and discoveries[C]. Switzerland: Proceedings of the 18th ACM SIGKDD International Conference on Knowledge Discovery and Data Mining: 316-324.

Kawachi I, Kim D, Coutts A. 2004. Commentary: Reconciling the three accounts of social capital[J]. International Journal of Epidemiology, (4): 682-690.

Kernighan B W, Lin S. 1970. An efficient heuristic procedure for partitioning graphs[J]. Bell System

Technical Journal (49): 291-307.

Khoromskij B N, Khoromskaia V. 2007. Low rank tucker-type tensor approximation to classical potentials[J]. Central European Journal of Mathematics, 5: 523-550.

Kohler H P. 2001. Fertility and Social Interactions: An Economic Perspective[M]. New York: Oxford University Press.

Kohler H P, Behrman J R, Watkins S C. 2001. The density of social networks and fertility decisions: Evidence from south Nyanza district, Kenya[J]. Demography, 28 (1): 43-58.

Kolda T G, Bader B W. 2009. Tensor Decompositions and Applications[J]. SIAM Review, 51 (3): 455-500.

Kolda T G, Bader B W, Kenny J P. 2005. Higher-order web link analysis using multi-linear algebra[C]. New York: Proceedings of the 5th IEEE International Conference on Data Mining: 242-249.

Korpi T. 2001. Good friends in bad times? Social networks and job search among the unemployed in Sweden[J]. Acta Sociologica, (44): 157-170.

Krishna B A, Uphoff N. 1999. Mapping and measuring social capital: A conceptual and empirical watersheds in Rajasthan, India[J].World, (13).

Laland K N. 2004. Extending the extended phenotype[J]. Biology and Philosophy, (6): 313-325.

Langville A N, Stewart W J. 2004. A kronecker product approximate precondition for SANs[J]. Numerical Linear Algebra with Applications, 11: 723-752.

Lazarsfeld P, Katz E. 1955. Personal Influence[M]. Illinois: The Free Press.

Li E Y, Liao C H, Yen H R. 2013. Co-authorship networks and research impact: A social capital perspective[J]. Research Policy, 42 (9): 1515-1530.

Lin N. 1982. Social resources and instrumental action[M]//Marsden P V, Lin Y N. Social Structure and Network Analysis. Beverly Hills: Sage: 131-145.

Lin N. 1999. Building a network theory of social capital[J]. Connections, 22 (1): 28-51.

Lin N. 2001. Social capital: resources, motivations, and interactions[J].Social Forces, (4): 41-54.

Lin N, Ensel W M, Vaughn J C. 1981. Social resources and strength of ties: Structural factors in occupational status attainment[J]. American Sociological Review, 46 (4): 393-405.

Liu Z Y, Wei W H, Zhang H M, et al. 2018. The impact of degree centrality of social network, work engagement on organizational citizenship behavior of nurses[J]. Modern Preventive Medicine.

Lloyd J R, Orbanz P, Ghahramani Z, et al. 2012. Random function priors for exchangeable arrays with applications to graphs and relational data[J]. Advances in Neural Information Processing Systems, 24: 1007-1015.

Loury G C. 1977. A dynamic theory of racial income differences[M]//Wallace P A, La Mond A M. Women, Minorities and Employment Discrimination. Lexington: Mass.

Lupton R, Thornton J. 2017. Disagreement, diversity, and participation: Examining the properties of several measures of political discussion network characteristics[J]. Political Behavior, 39: 585-608.

Madhavan S, Adams A, Simon D. 2003. Women's network and social world of fertility behavior[J]. International Family Planning Perspectives, (2): 58-68.

Magnani M, Marzolla M. 2016. Path-based and Whole-network Measures: Encyclopedia of Social Network Analysis and Mining[M]. New York: Springer.

Marsden P V. 1987. Core discussion network of Americans[J]. American Sociological Review, 52 (1): 122-131.

Martnez-Montes E, Valdes-Sosa P A, Miwakeichi F, et al. 2004. Concurrent EEG/fMRI analysis by multiway partial least squares[J]. Neuro Image, 22: 1023-1034.

Matsumura T, Iwasaki K, Shudo K. 2018. Average path length estimation of social networks by random walk[C]. Shanghai: IEEE International Conference on Big Data and Smart Computing.

Michele C, Guido C, Luciano P. 1992. Social network growth with assortative mixing[J]. Physica A, (338): 119-124.

Mitchell C J. 1969. The concept and use of social networks[M]//Mitchell C J. Social Network in Urban Situations. Manchester: Manchester University Press.

Miwakeichi F, Martnez-Montes E, Valds-Sosa P A, et al. 2004. Decomposing EEG data into space-time-frequency componentsusing parallel factor analysis[J]. Neuro Image, 22: 1035-1045.

Montgomery J D. 1992. Job search and network composition: implications of the strength of weak tie hypothesis[J]. American Sociological Review, (57): 586-596.

Montgomery M R, Chung W S. 1998. Social Networks and Diffusion of Fertility Control in the Republic of Korea: The Dynamics of Values in Fertility Change[M]. Oxford: Oxford University Press.

Moody J. 2000. The importance of relationship timing population for STD diffusion[J]. Social Forces, 81 (1): 25-56.

Moreno J L, Jennings H H. 1938. Statistics of social configuration[J]. Sociometry, 1 (3-4): 342-374.

Morgan D L, Neal M B, Carder P. 1997. The stability of core and peripheral networks over time[J]. Social Networks, 19 (1): 9-25.

Muti D, Bourennane S. 2005. Multidimensional filtering based on a tensor approach[J]. Signal Processing, 85: 2338-2353.

Nahapiet J, Ghoshal S. 1998. Social capital, intellectual capital, and the organizational advantage[J]. Academy of Management Review, 23 (2): 242-266.

Newman M E J. 2002. Assortative mixing in networks[J]. Physical Review Letters, (89): 208701.

Newman M E J. 2003a. Mixing patterns in networks[J]. Physical Review E, 67: 026126.

Newman M E J. 2003b. The structure and function of complex networks[J]. SIAM Review, 45 (2): 167-256.

Newman M E J. 2004a. Detecting community structure in networks[J]. The European Physical Journal B: 321-330.

Newman M E J. 2004b. Fast algorithm for detecting community structure in networks[J]. Physical Review E, 69: 066133.

Newman M E J, Girvan M. 2003. Mixing patterns and community structure in networks[M]//Pastor-Satorras J R, Diaz-Guilera A. Statistical Mechanics of Complex Networks. Berlin: Springer.

Newman M E J, Girvan M. 2004. Finding and evaluating community structure in networks[J]. Physical

Review E, (69): 026113

Newman M E J, Strogatz S H, Watts D J. 2001. Random graphs with arbitrary degree distributions and their applications[J]. Physical Review E, 64 (2): 026118.

Noh J D, Jeong H C, Ahn Y Y, et al. 2005. Growing network model for community with group structure[J]. Physical Review E, (71): 036131.

Nohria N, Eccles R. 1992. Networks and Organizations Structure, Form, and Action[M]. Boston: Harvard Business School Press.

Oh S K, Jun J. 2018. Structural relationships between career barriers, social support levels, egoresilience, job search efficacy, and career preparation behavior of middleaged unemployed men[J]. KEDI Journal of Educational Policy, 15 (1): 21-42.

Ostrom E. 1994. Social Capital, Self Organization and Development[R]. Washington D C: the U. S. Agency for International Development.

Pastor-Satorras, Vázquez R A, Vespignani A. 2001. Epidemic spreading in scale-free networks[J]. Physical Review Letters, 86: 3200-3203.

Pink S. 2017. Fertility and social interaction—A simulation approach[D]. Mannheim: Universität Mannheim.

Pothen A. 1990. Partitioning sparse matrices with eigenvectors of graphs[J]. SIAM Journal on Matrix Analysis and Applications, 11 (3): 430-452.

Provan K G, Fish A, Sydow J. 2007. Interorganizational networks at the network level: A review of the empirical literature on whole networks[J]. Journal of Management, 33 (6): 479-516.

Radicchi F. 2003. Defining and identifying communities in networks[J]. Proceedings of the National Academy of Sciences of the United States of America, 101 (9): 2658-2663.

Rai P, Wang Y, Guoz S. 2014. Scalable Bayesian low-rank decomposition of incomplete multiway tensors[C]. Beijing: Proceedings of the 31st International Conference on International Conference on Machine Learning.

Rapoport A. 1953. Spread of information through a population with a socio-structural bias. I. Assumption of transitivity[J]. Bulletin of Mathematical Biophysics, 15: 523-533.

Rees A. 2000. Competition among the regions in Euroland[J]. Intereconomics, (2): 55-63.

Rendle S, Schmidt-Thieme L. 2010. Pairwise interaction tensor factorization for personalized tag recommendation[C]. New York: Proceedings of the third ACM International Conference on Web Search and Data Mining: 81-90.

Ribeiro A F. 2005. At last dyad becomes triad? An evolution of the concept of father and his participation during birth of child[J]. Servir, 53 (4): 190-194.

Riley D, Eckenrode J. 1986. Social ties: Subgroup differences in costs and benefits[J]. Journal of Personality and Social Psychology, (51): 770-778.

Robins G, Morris M. 2007. Advances in exponential random graph (p*) models[J]. Social Networks, (29): 169-172.

Robins G, Pattison P, Kalish Y, et al. 2007. An introduction to exponential random graph(p*)models for social networks[J]. Social Networks, (29): 173-191.

Robins G, Snijders T, Wang P, et al. 2007. Recent developments in exponential random graph (p*) models for social networks[J]. Social Networks, (29): 192-215.

Rogers E M. 1995. Diffusion of Innovation[M]. New York: The Free Press.

Rogers R, Sewell K W. 1995. The referral decision scale with mentally disordered inmates[J]. Law and Human Behavior, (10): 481-492.

Rosenfeld P. 1997. Impression management, fairness, and the employment interview[J]. Journal of Business Ethics, (8): 801-808.

Sankhya A, Scott J. 2002. Social Network Analysis: A Handbook[M]. 2nd ed. London: Sage.

Scott W, Smyth P. 2005. A Spectral Clustering Approach to finding Communities in Graph[C]. Newport Beach: Proceedings of the 2005 SIAM International Conference on Data Mining.

Shen T. 2003. Rural workforce migration: A summary of some studies[J]. Social Sciences in China, (4): 84-101.

Shi Z, Raúl J. 2004. The rich-club phenomenon in the internet topology[J]. IEEE Communications Letters, 8 (3): 180-182.

Shum A A. 1984. Varieties of algebraic systems and propositional calculuses[J]. Algebra and Logic, (3): 237-251.

Shumaker S A, Brownell A. 1984. Toward a theory of social support: Closing conceptual gaps[J]. Blackwell Publishing Ltd, 40 (4): 11-36.

Sidiropoulos N, Bro R, Giannakis G. 2000. Parallel factor analysis in sensor array processing[J]. IEEE Transactions on Signal Processing, 48: 2377-2388.

Silvey R. 2003. Engendering social capital: Women workers and rural-urban networks in Indonesia's crisis[J]. World Development, (5): 865-879.

Skvoretz J, Faust K. 1999. Logit models for affiliation networks[J]. Sociological Methodology, 29: 253-280.

Snijders T A B, Pattison P, Robins G L, et al. 2006. New specifications for exponential random graph models[J]. Sociological Methodology, (36): 99-153.

Snyder D, Kick E L. 1979. Structural position in the world system and economic growth, 1955-1970: A multiple-network analysis of transnational interactions[J]. The American Journal of Sociology, 84 (5): 1096-1126.

Sporns O, Chialvo D R, Kaiser M, et al. 2004. Organization, development and function of complex brain networks[J]. Trends in Cognitive Sciences, 8 (9): 418-25.

Spread P. 1984. Blau's exchange theory, support and the macrostructure[J]. The British Journal of Sociology, 35 (2): 157-173.

Strauss D, Ikeda M. 1990. Pseudolikelihood estimation for social networks[J]. Journal of the American Statistical Association, 85 (409): 204-212.

Sun J M, Tao D C, Faloutsos C. 2006. Beyond streams and graphs: Dynamic tensor analysis[C]. Philadelphia: Proceedings of the 12th ACM SIGKDD International Conference on Knowledge Discovery and Data Mining: 374-383.

Sun L. 2010. An empirical study on the influencing factors of the "three west" immigrant community residents discussion network[D]. Lanzhou: Lanzhou University.

Tao D C, Li X L, Wu X D, et al. 2007. General tensor discriminant analysis and gabor features for gait recognition[J]. IEEE Transactions on Pattern Analysis and Machine Intelligence, 29 (10): 1700-1715.

Tao D C, Song M L, Li X L, et al. 2008. Bayesian tensor approach for 3-D face modeling[J]. IEEE Transactions on Circuits and Systems for Video Technology, 18 (10): 1397-1410.

Taylor N R. 2013. Small world network strategies for studying protein structures and binding[J]. Computational and Structural Biotechnology Journal, 5 (6): 1-7.

Thoits P A. 1985. Introduction to the special issue: sociological contributions to the understanding of emotion[J]. Motivation and Emotion, (2): 67-71.

Thorelli H B. 1986. Network: Between markets and hierarchies[J]. Strategic Management Journal, 7(1): 37-51.

Tiwana A. 2010. Do bridging ties complement strong ties? An empirical examination of alliance ambidexterity[J]. Strategic Management Journal, 29 (3): 251-272.

Tortoriello M. 2015. The social underpinnings of absorptive capacity: The moderating effects of structural holes on innovation generation based on external knowledge[J]. Strategic Management Journal, 36 (4): 586-597.

Tucker L R. 1963. Implications of factor analysis of three-way matrices for measurement of change[M]//Harris C W. Problems in Measuring Change. Madison: University of Wisconsin Press.

Uehara E. 1990. Dual exchange theory, social networks, and informal social support[J]. The American Journal of Sociology, 96 (3): 521-557.

Uzzi B. 1996. The sources and consequences of embeddedness for the economic performance of organizations: The network effect[J]. American Sociological Review, 61 (4): 1-60.

Valente T W, Pitts S R. 2017. An appraisal of social network theory and analysis as applied to public health: Challenges and opportunities[J]. Annual Review of Public Health, 38 (1): 103-118.

van del Poel. 1993. Delineating personal support network[J]. Social Forces, (15): 49-70.

Vargas R, Garcea F, Mahon B Z, et al. 2016. Refining the clustering coefficient for analysis of social and neural network data[J]. Social Network Analysis and Mining, 6 (1): 49.

Vasilescu M, Terzopoulos D. 2002. Multilinear analysis of image ensembles: tensor-faces[C]. Copenhagen: Proceedings of the 7th European Conference on Computer Vision: 447-460.

Vázquez A, Pastor-Satorras R, Vespignani A. 2002. Large-scale topological and dynamical properties of the Internet[J]. Physical Review E, 65 (6): 066130.

Veiel H, Baumann U. 1992. The Many Meanings of Social Support[M]. New York: Hemisphere Publishing.

Vlasic D, Brand M, Pfister H, et al. 2005. Face transfer with multilinear models[J]. ACM Transactions on Graphics, 24: 426-433.

Walker H A, Thye S R, Simpson B, et al. 2000. Network exchange theory: Recent developments and new directions[J]. Social Psychology Quarterly, 63 (4): 324-337.

Wang B, Gao X B, Tao D C, et al. 2010. A unified tensor level set for image segmentation[J]. IEEE Transactions on Systems, Man, and Cybernetics, Part B, 40 (3): 857-867.

Wang H, Ahuja N. 2003. Facial expression decomposition[C]. Nice: Proceedings of the 9th IEEE

International Conference on Computer Vision: 958-965.

Wang S, Zhou W. 2016. The unintended long-term consequences of Mao's mass send-down movement: Marriage, social network, and happiness[J]. World Development, 90: 344-359.

Wang Y M, Wang Q Y, Pan C S, et al. 2017. Method for key nodes identification in command and control network by considering structural holes[J]. Fire Control and Command Control, 42 (3): 59-63.

Wasserman S, Faust K. 1994. Social Network Analysis: Methods and Applications[M]. Cambridge: Cambridge University Press.

Wasserman S, Pattison P E. 1996. Logit models and logistic regressions for social networks. I. An introduction to Markov graphs and p*[J]. Psychometrika, (61): 401-425.

Watts D J, Dodds P S, Newman M E J. 2002. Identity and search in social networks[J]. Science, 296: 1302-1305.

Watts D J, Strogatz S H. 1998. Collective dynamics of "small-world" networks[J]. Nature, 393 (6684): 440-442.

Wegener B. 1991. Job mobility and social ties: Social resources, prior job, and status attainment[J]. American Sociological Review, 105 (2): 493-527.

Weiyan Z, Minghui L, Ximing D, et al. 2015. Study on social support and job search behavior of college students[J]. Journal of Jining Medical University.

Wellman B. 1988. Structural analysis: From method and metaphor to theory and substance[M]// Wellman B, Berkowitz S D. Social Structures: A Network Approach. Cambridge: Cambridge University Press.

Wethington E, Kessler R C. 1986. Perceived support, received support, and adjustment to stressful life events[J]. Journal of Health and Social Behavior, 27 (1): 78-89.

White H C. 1981. Where do markets come from[J]. American Journal of Sociology, 87 (3): 517-547.

Williams J C. 1978. Human Behavior in Organizations[M]. Boston: South-Western Publishing Co.

Williamson O E. 1979. Transaction-cost economics: The governance of contractual relations[J]. Journal of Law and Economics, 22 (2): 233-261.

Wu F, Huberman B A. 2004. Finding communities in linear time: A physics approach[J]. The European Physical Journal B-Condensed Matter and Complex Systems, 38 (2): 331-338.

Xie Y B, Zhou T, Wang B H. 2017. Scale-free networks without growth[J]. Physica A: Statal Mechanics and its Applications, 387 (7): 1683-1688.

Xiong F, Liu Y, Zhang Z J, et al. 2012. An information diffusion model based on retweeting mechanism for online social media[J]. Physics Letters A, 376 (30-31): 2103-2108.

Xiong L, Chen X, Huang T K, et al. 2010. Temporal collaborative filtering with Bayesian probabilistic tensor factorization[C]. Columbus: Proceedings of the 2010 SIAM International Conference on Data Mining.

Xu Z L, Yan F, Qi Y. 2012. Infinite tucker decomposition: Non-parametric bayesian models for multiway data analysis[C]. Edinburgh: International Conference on Machine Learning: 1023-1030.

Xu Z L, Yan F, Qi Y. 2015. Bayesian nonparametric models for multiway data analysis, pattern analysis and machine intelligence[J]. IEEE Transactions, 37 (2): 475-487.

Yang Y, Dunson D. 2013. Bayesian conditional tensor factorizations for high-dimensional classification[J]. Journal of the American Statistical Association, 111 (514): 656-669.

Youbing Z, Dalguer L A, Goo S S, et al. 2014. Evaluating the effect of network density and geometric distribution on kinematic source inversion models[J]. Geophysical Journal International, (1): 5618.

Zarei B, Meybodi M R. 2020. Detecting community structure in complex networks using genetic algorithm based on object migrating automata[J]. Computational Intelligence, 36 (9): 1-37.

Zesch T, Gurevych I. 2007. Analysis of the Wikipedia category graph for NLP applications[C]. Darmstadt: North American Chapter of the Association for Computational Linguistics: 1-8.

Zhang J, Luo Y. 2017. Degree centrality, betweenness centrality, and closeness centrality in social network[C]. Bangkok: 2017 2nd International Conference on Modelling, Simulation and Applied Mathematics.

Zhang L, Gao Q, Zhang D. 2008. Directional independent component analysis with tensor representation[C]. Anchorage: CVPR 2008: 1-7.

Zhang L, Zhang L, Zhang D. 2009. A multi-scale bilateral structure tensor based corner detector[J]. ACCV 2009, Part II, 5995: 618-627

Zhang T, Golub G H. 2001. Rank-one approximation to high order tensors[J]. SIAM Journal on Matrix Analysis and Applications, 23: 534-550.

Zhang X, Li G. 2003. Does guanxi matter to nonfarm employment? [J]. Journal of Comparative Economics, 31 (2): 315-331.

Zhao H D, Jiang J R. 2021. Role stress, emotional exhaustion, and knowledge hiding: The joint moderating effects of network centrality and structural holes[J]. Current Psychology, (3): 1-13.

Zhou L G, Feng J H. 2005. Social support theory: A review of the literature[J]. Journal of Guangxi Normal University, 33 (3): 11-14, 20.